# Pe. ADRIANO ZANDONÁ

# Curar-se para *ser feliz*

11ª edição

Canção Nova
EDITORA

petra

DIREÇÃO GERAL: Fábio Gonçalves Vieira

ASSISTENTE EDITORIAL: Marcelo Luiz Bermejo do Amaral

DIAGRAMAÇÃO: Tiago Muelas Filú

PREPARAÇÃO: Patricia Bernardo de Almeida

REVISÃO: Simone Zac

*Este livro segue as regras da Nova Ortografia da Língua Portuguesa.*

**EDITORA CANÇÃO NOVA**
Rua João Paulo II, s/n - Alto da Bela Vista
12630-000 Cachoeira Paulista SP
Telefone [55] (12) 3186-2600
e-mail: editora@cancaonova.com
Home page: http://editora.cancaonova.com
Twitter: editoracn

# Sumário

# Apresentação

Esta é uma desafiante aventura de todo ser humano: atravessar o tempestuoso mar da própria vida afetiva e emocional. É um desafio para corajosos que têm a valentia de olhar para esse túnel escuro que parece não ter luz no seu final. Contudo, quando se começa a empreender tal travessia, a luz no fim do túnel não tarda a aparecer.

É uma aventura para corações fortes, sim, e para quem é fraco também. É preciso reconhecer que há muita coisa a ser curada e restaurada em nosso interior. A palavra "cura", à primeira vista, soa um tanto estranha, mas é a palavra exata. Há muita cura e transformação que precisam ser realizadas em nosso interior. São muitas marcas e feridas que ficaram... Olhá-las de frente é a atitude correta. Não tenha medo e encare suas feridas emocionais, entre ousadamente neste lindo processo de cura de seus afetos e emoções.

Essa é uma aventura que não se pode realizar sozinho: primeiro é preciso contar com pessoas que possam ajudá-lo. Elas existem; é preciso procurá-las e, encontrando-as, buscar sua ajuda. Mas, principalmente, recorrer ao grande Auxiliador: Deus. Ele é o principal interessado em sua linda travessia, a qual lhe fará alcançar a felicidade. Recorra a Ele continuamente, mesmo que você ache que sua oração é ainda fraca. Ele não olha para isso; Ele se fixa na sua busca.

Ele diz a você o mesmo que disse a Jairo, quando seus amigos vieram lhe dizer que sua filha que estava muito doente havia acabado de morrer (cf. Marcos 5,35). Imagine que golpe. Mas Jesus voltou-se para ele e disse: "Não temas! Crê somente!" (Marcos 5,36b). Foi assim que Ele partiu para a casa de Jairo e, apesar de toda a balbúrdia que lá acontecia, ressuscitou a sua filha. É esta fé que precisamos ter para que a travessia transcorra e nossa ressurreição aconteça.

"Não temas! Crê somente!" Essa é a palavra de ordem que vai acompanhar sua leitura neste livro. Viva e realize tudo o que ele lhe apresentar: ele tem coisas muito preciosas. Há aqui indicações muito claras e que deverão ser realizadas. Não é um livro de simples leitura: são direções para serem postas em prática. Mas na base de todo o livro deve estar sempre presente a palavra do grande Auxiliador: "Não temas! Crê somente!"

Enfim, mãos aos remos e avance para águas mais profundas. Empreenda essa grande travessia: será a grande aventura da sua vida!

Desejo-lhe uma boa travessia!

MONSENHOR JONAS ABIB

# Travessia

*"A coisa não está nem na partida nem na chegada.*
*Está é na travessia..."*[1]

(João Guimarães Rosa)

Quando escrevi meu primeiro livro, *Construindo a Felicidade*, não tinha consciência do que essa temática poderia despertar nos inúmeros corações que com ela se encontrariam. Confesso que me surpreendi com as reações, olhares e atitudes com as quais tive a oportunidade de me deparar, e que me confidenciaram portar concretos frutos dessa minha primeira — e modesta — obra. Afinal, escrever — refletir, construir um discurso, parafrasear etc. — sobre a felicidade e seus diversos matizes significa afetar diretamente sonhos, esperanças e desejos (principalmente o anseio por felicidade) de inúmeras pessoas, os quais, muitas vezes, jaziam sepultados no túmulo da dor e da decepção.

Foi uma experiência singular que me possibilitou perceber que, como sacerdote, devo constantemente apresentar,

---

1 ROSA, João Guimarães. *Grande Sertão: Veredas.*

com clareza e poesia, os concretos caminhos através dos quais as pessoas poderão, hoje, se tornar melhores e mais felizes, afinal, fomos feitos para a felicidade e todos temos o direito e o dever de conquistá-la em nossa trajetória pela vida.

Há tempos tenho refletido sobre tais realidades e sobre os caminhos através dos quais poderemos viver uma vida mais feliz. Tenho realizado esse ofício pensando principalmente em você, meu(minha) companheiro(a) de travessia, lutando para experienciar primeiramente o que a você proporei no caminho aqui iniciado.

Em muitos momentos, segui o conselho do poeta Carlos Drummond de Andrade: "Penetra surdamente no reino das palavras. Lá estão os poemas que esperam ser escritos [...]. Ei-los sós e mudos, em estado de dicionário."[2] Assim como ele, busquei penetrar profundamente no "reino das palavras" que em mim descansavam adormecidas, visto que estas aguardavam, ansiosas, o derradeiro momento de serem despertadas. Muito me esforcei para descobrir tais palavras e para compreender a específica maneira através da qual elas desejariam aqui ser expressas.

Não tive pressa e, ainda seguindo a dica do grande poeta (e, sobretudo, pensando em você e no que poderá fazê-lo mais feliz), realizei despretensiosamente o ofício de, com incansável paciência, "conviver com meus poemas, antes de escrevê-los...".[3]

---

2 ANDRADE, Carlos Drummond de. *A Rosa do Povo*.
3 Ibidem.

Muito, também, contemplei as pessoas e os sofrimentos de nosso tempo (afinal, ninguém escapa da experiência do sofrer). Não me omiti de refletir sobre as possíveis realidades que poderiam tornar os seres humanos de hoje mais completos e realizados. Confidencio que, nesta minha travessia interior, cheguei à conclusão de que ninguém poderá ser verdadeiramente feliz e realizado se antes não buscar, impulsionado por um Amor maior, a cura e o equilíbrio em sua vida, e isso principalmente na dimensão afetiva e emocional.

Todos nós temos uma história: feita de perdas, sofrimentos, dores, alegrias, tristezas. Um passado que muitas vezes imprime em nós, sob o signo da dor, inúmeras feridas e desequilíbrios,[4] os quais precisarão ser trabalhados e curados, pois se não o forem, tenderão a nos escravizar, ausentando-nos da liberdade e furtando a qualidade de nossa vida e relacionamentos.

*Creio que só caminha bem para frente aquele que consegue bem resolver o que ficou para trás.* E isso, de maneira singular, em seu interior. Este é um princípio básico: nada vai para a frente se está amarrado a realidades que o puxam para trás, e ninguém poderá crescer para a frente (e, consequentemente, para o Alto) se viver constantemente refém de pessoas, sentimentos, decepções e feridas que o aprisionam ao passado.

Quem não buscar curar seus afetos e emoções poderá se tornar alguém perenemente infeliz e incompleto na

---

4 De maneira singular, em nossos afetos e emoções.

vida (ainda que alcance muitos de seus ideais). Isso porque suas inúmeras feridas o tornarão míope para enxergar a existência e as suas verdadeiras belezas, impedindo-o de lutar contra os verdadeiros inimigos: as feridas e as marcas, não as pessoas.

Em meu ofício como padre, essa bela missão de redespertar a beleza e o desejo de felicidade que descansa em cada um, tive a oportunidade de encontrar inúmeros corações que, infelizmente, viviam "apequenados" como escravos de diversas feridas (mágoas, ressentimentos, culpas, medos, complexos, sentimentos de inferioridade etc.). Seres humanos que nunca se permitiam "descansar" e que se mostravam sempre "armados para a guerra", sentindo-se inferiores e, exatamente por isso, reagindo incansavelmente com crueldade para tentar se defender (em primeiro lugar, de si mesmos). Isso é triste, mas real, e tem ausentado muitíssimos corações da conquista de uma verdadeira felicidade.

Para superar as dores e machucaduras da própria história, cada um de nós terá que realizar um corajoso ato de "travessia", ultrapassando a margem daquilo que nos encarcera e paralisa para assim percorrer as desafiantes águas do amadurecimento afetivo/emocional, rumo à humana realização que tanto desejamos.

Não temos escolha: se quisermos conquistar a verdadeira felicidade, sem ficar constantemente culpando fatos e pessoas por nossas insatisfações, precisaremos realizar essa exigente travessia, deixando para trás os afetos machucados (egoístas e infantis) e conquistando cura e maturidade emocional. Este será o único caminho!

Quero ser honesto com você: saiba que nesta travessia sempre acabamos morrendo um pouco, no sentido de ter que sepultar no passado o mal que em nós não merece mais viver. Afinal, há uma real necessidade de se permitir morrer para novamente nascer[5] e, verdadeiramente, "atravessar...". Como dizia Goethe,[6] "morre e transforma-te!".[7]

Tal travessia só poderá ser conquistada com luta, serenidade, perseverança e, sobretudo, oração. Será apenas gradativamente, com empenho e em uma dinâmica processual, que o coração conseguirá desfazer-se de antigos valores para assim romper com uma desequilibrada forma de viver e se relacionar.

A paciência (e o empenho) se fará fundamental nesta possível e desafiante travessia, pois *tudo o que for feito sem respeitar o tempo, o tempo mesmo se encarregará de destruir...* Contudo, que seja essa uma paciência alicerçada na esperança, a qual, por sua vez, acrescentará confiança ao caminhar, fazendo-nos crer que, independentemente de como seja nossa história e os enredos que a configuram, será sempre possível atravessar e se transformar, descomplicando a vida e se tornando alguém mais feliz.

---

5 Cf. João 3,3.
6 Escritor alemão.
7 GOETHE, Johann Wolfgang von. *Os Anos de Aprendizado de Wilhelm Meister.*

## TRAVESSIA

*Contra a foice do tempo, a esperança insiste,*
*incansável em orgulhar-se de suas criações.*
*Em cada esquina sentidos se refazem;*
*sobrevivendo em sonhos e amanheceres,*
*olhares que se despertam acreditando na força*
*do amanhã.*
*Manter a alma embebida de espera e coragem!*
*Isso, amigo, não é infantilidade... mas, se*
*torna difícil*
*expressar-se, no reino*
*onde muitos*
*tornam "surdas" suas almas!*
*Janeiro chegou e, com suas chuvas,*
*endireitou minhas estradas sarando dores e*
*curando devaneios.*
*Assim pude me reinventar, tocando com a lan-*
*ça da vontade*
*o alvorecer da novidade que há em mim.*
*Felicidade!*
*Enfim, novos dias fazem-se novas possibilidades:*
*alimentam sonhos, acalentam saudades e,*
*com incontida alegria,*
*reacendem no peito a crença*
*de que é, sempre possível,*
*atravessar...*

(Pe. Adriano Zandoná)

# Afetos e emoções machucados

*"Não deixemos que nos roubem a esperança, nem permitamos que esta seja anulada por soluções e propostas imediatas que nos bloqueiam no caminho."*

(*Lumen Fidei*, 57)

Para que nos tornemos pessoas emocionalmente equilibradas, maduras e, consequentemente, felizes, será necessário "abrirmos as gavetas" de nossos afetos e emoções para aí curar e restaurar aquilo que estiver doente e desordenado.

Quantos não são os afetos e emoções estragados que acabamos alimentando em nós? Estes, muitas vezes, não são os concretos frutos de duras experiências e más escolhas que fizemos na vida? Quantas pessoas já não passaram por nossa história e nela deixaram marcas e feridas negativas? Será que consigo perceber quais são as áreas e experiências que em mim necessitam de cura?

As nossas feridas e machucaduras emocionais nascem de nossa experiência relacional, no amar e ser amado. Elas acontecem, especificamente, nas experiências que vivemos com amigos, familiares, amores, enfim, com pessoas. A realidade relacional (nossos inúmeros relacionamentos) é uma dimensão fundamental de nossa vida, da qual jamais poderemos fugir, pois é através de tal experiência que nos tornamos pessoas, no autêntico significado do termo. Para este sentido, Martin Buber[8] bem sinalizou afirmando que "o ser humano se torna eu (pessoa) pela relação com o tu [...]. Afinal, todo viver real é encontro".[9]

Uno o pensamento de Buber à compreensão do psicólogo norte-americano Carl Rogers, o qual salientou que curar nada mais é do que "restituir no ser humano a sua humana capacidade relacional",[10] libertando-a das feridas e condicionamentos negativos que a possam ter descaracterizado. Essa é uma desafiante verdade, visto que, se não atentarmos e buscarmos superar tais feridas relacionais em nós trancafiadas, correremos o risco de nos "desumanizar", e isso pelo fato de sermos atingidos e fragilizados em nossa capacidade de nos relacionar (amar e ser amado), a qual nos caracteriza como pessoas inteiras e aptas a conquistar a felicidade.

A maior parte de nossas feridas afetivas são "feridas de amor", visto que estão profundamente ligadas à maneira como experienciamos nossos relacionamentos: na família, amizades, namoros, vida conjugal, nas interações em geral.

---

8 Filósofo, escritor e pedagogo judeu de origem austríaca.
9 BUBER, Martin. *Eu e Tu.*
10 ROGERS, Carl. *Tornar-se Pessoa.*

Nossos problemas e feridas interiores estarão sempre ligados ao amor e seus matizes: a ausência dele ou a maneira imprecisa (desequilibrada) como na vida o experienciamos.

Experienciar é permitir-se afetar. Afetar por cores, olhares, palavras, pelo que se deu dentro e fora de nós e que deixou em nosso ser, inevitavelmente, significativas marcas e impressões. Por isso, um importante passo para a cura e superação das próprias feridas é identificar as experiências nas quais elas nasceram, ou seja, em quais situações (relacionamentos) elas surgiram dentro de nós.

Não nos enganemos. Existem muitas experiências e feridas que acreditamos terem ficado somente no passado, pelo fato de já as termos esquecido etc. Todavia, muitas dessas marcas foram apenas ocultadas e não curadas, visto que permanecem em nós de forma inconsciente, e, se não forem devidamente superadas, continuarão se perpetuando em nosso interior, prontas para novamente se manifestar quando vivermos situações conflitivas que as tragam à tona. Sob a forma de traumas antes escondidos e inconscientes, no momento em que menos imaginarmos tais feridas poderão "explodir", vindo à tona e nos limitando em negativos sentimentos e emoções, tais como tristeza, insegurança, inferioridade, ciúme, baixa autoestima etc.

Quem não busca curar as feridas abertas em si terá que constantemente lidar com seus negativos efeitos, visto que tais experiências poderão continuar — de alguma forma — acontecendo em seu coração. É como no caso de alguém que adquiriu um sério trauma ou, por exemplo, um transtorno do pânico resultante de um sequestro vivenciado no passado: tal situação já aconteceu e acabou, visto que não está mais acontecendo no tempo; contudo, dentro da pessoa que vive tal realidade, o fato não acabou, pois continua ocorrendo e causando dor em seu coração (afetos e emoções). Com isso, a imensa dor experienciada é perpetuada pelos complexos enredos presentes em sua memória afetiva e emocional.

Certa vez li um artigo de um psicanalista (e poeta) que, claramente, afirmou: "No inconsciente não existe tempo."[11] Assim pude naturalmente compreender, iluminado por tal afirmação, que as feridas e marcas não curadas continuarão sempre doendo dentro de nós e, consequentemente, exercerão o ofício de nos limitar em vários aspectos da vida, principalmente em nossas interações e relacionamentos.

Não é fato que muitas vezes nos percebemos desequilibrados, carentes, inconstantes, medrosos, sem mesmo saber ou compreender o porquê? Existem mecanismos internos que, se não forem devidamente identificados e trabalhados em nós, tenderão a nutrir uma "vida e autonomia própria", escravizando-nos e fragilizando nossas percepções.

Pois bem. Para melhor entendermos a específica dinâmica da cura de nossa vida afetiva e emocional, procurarei

---

11 ALVES, Rubem. *As Melhores Crônicas de Rubem Alves.*

agora expressar o significado contido nestes dois específicos termos: os afetos e as emoções.[12]

A afetividade é aquilo que nos afeta, visto que as realidades que vivemos (que nos atingem) produzem sempre uma resposta afetiva. É a afetividade que confere o modo de nos relacionarmos com a vida, influenciando grandemente nossa maneira de perceber o mundo e a realidade que nos cerca. Somos seres profundamente afetivos, e essa dimensão está presente em tudo o que somos e vivemos. Afinal, compreendemos muito do mundo e das pessoas sob o olhar de nossa afetividade, estando ela machucada ou não.

Assim como acontece com as lentes dos óculos, nossos afetos regulam nossa forma de ver e compreender a realidade:

> Os filtros de nossa afetividade fazem com que o "sol" seja por nós percebido com maior ou menor brilho, que a vida tenha perspectivas mais otimistas ou pessimistas, que o passado seja revivido como um pesado fardo, ou, simplesmente, lembrado com suavidade. A afetividade interfere qualitativamente na realidade percebida por cada um de nós, mais precisamente, na representação

---

12 Sei que esta é uma descrição complexa (dos afetos e emoções), visto que tais dimensões englobam muitos outros elementos humanos (sentimentos, valores, percepções etc.) e com estes estão de alguma maneira interligadas. Contudo, não desejo aqui construir uma descrição aprofundada e científica (acadêmica) desses dois conceitos, mas apenas ressaltar a grande influência que eles exercem em nossa maneira de ser e compreender a vida, também revelando a necessidade de superação (cura) de qualquer trauma ou ferida que nos tenha atingido e debilitado.

que temos do mundo em geral e de nosso mundo em particular.[13]

O afeto é aquilo que, positiva ou negativamente, nos afeta. Ter afetos é ser dotado da capacidade de dar e de receber, de amar e de ser amado, de perturbar e de ser perturbado etc. "Os afetos exprimem-se através das emoções e têm uma ligação especial com o passado, com as experiências e vivências, com as pessoas, objetos, ambientes e ideias."[14] *Assim sendo, um afeto estragado interfere diretamente em nossa maneira de enxergar a vida e os fatos que a compuseram, atingindo profundamente nossa maneira de agir e reagir diante de nossa história.*

As emoções, como os sentimentos, estão profundamente ligadas aos afetos. Elas se manifestam como uma concreta reação a determinados estímulos afetivos, isto é, uma resposta gerada pelos afetos que nos habitam.

A palavra emoção, do latim *emovere*, quer dizer movimentar, deslocar — portanto, ter uma reação explícita. A emoção é uma resposta instintiva diante dos estímulos afetivos. A extensão dessa resposta depende da intensidade (boa ou má) do afeto que a provocou em nós, o qual nos impulsionou a manifestá-la.

---

13 Ballone, G. J. "Alterações na Afetividade".
14 Branco, Elsa. "Definição e Diferença entre Afecto, Emoção e Sentimento".

São duas as principais características da emoção[15]: provocam um reflexo imediato em diversos órgãos do corpo (suor, aceleração dos batimentos cardíacos, dores no estômago etc.) e podem bloquear parcial ou totalmente a capacidade de raciocinar com lógica.

As emoções são automáticas e muitas vezes inconscientes. Elas podem ser negativas ou positivas, variam em intensidade, podem até ocasionar reações desequilibradas e portadoras de descontrole psíquico e comportamental, como, por exemplo, cólera, ira, medo, pavor.

A partir dessa sintética definição, compreendemos que os afetos e emoções são realidades profundamente enraizadas em nosso ser, sendo presença constante em tudo o que somos, fazemos e sentimos. Serão os afetos e emoções que influenciarão nossa maneira de nos relacionarmos com a vida, sendo que quaisquer deformidades que os debilitarem poderão se tornar fortemente prejudiciais para inúmeras áreas de nossa existência.

A cura dos afetos e emoções que em nós estiverem machucados estará profundamente ligada à qualidade de nossa vida e de nossos relacionamentos, já que uma pessoa ferida em tal dimensão possuirá grande dificuldade de bem enxergar a realidade, candidatando-se a desenvolver

---

15 Para maior aprofundamento, ler: SMITH, Jorgson Ksam. "Emoção, Sentimento e Afeto não são Sinônimos".

"neuroses" e sofrimentos desnecessários, os quais muito a impedirão de se sentir amada e de amar.

Da cura de nossos afetos e emoções dependerá a felicidade de nossa vida e de nossos relacionamentos, pois se não buscarmos tal restauração correremos o risco de atrair a tristeza e a infelicidade relacional. Tal necessidade é séria e precisa ser compreendida com extrema responsabilidade.

A pessoa dominada, ainda que inconscientemente, por afetos e emoções desordenados/machucados terá muita dificuldade de enxergar o lado bom da vida e das pessoas, apresentando uma infeliz tendência ao pessimismo e à negatividade. Por mais que sorria e se relacione bem com todos, em seu interior haverá um constante desconforto nascido da certeza de que, mais cedo ou mais tarde, tudo irá mal e todos a irão decepcionar.

Faz-se necessário abrir as gavetas dos relacionamentos que negativamente nos afetaram na vida, para em tais experiências identificarmos como os fatos aconteceram e ainda acontecem dentro de nós. Assim seremos capazes de equacionar as circunstâncias colecionadas em nossos dias, empreendendo esforços em direção às áreas que em nós mais necessitam de cura e restauração.

Aqui utilizo como analogia a figura de uma casa, que com o passar do tempo — naturalmente — precisará de reforma e de uma concreta restauração. Com o acúmulo dos anos, suas paredes ficarão rachadas e sujas, marcadas por aqueles que ali passaram. Para assegurar a vida e a qualidade do imóvel, uma reforma e a devida manutenção serão sempre inevitáveis.

Será necessário tapar as inúmeras rachaduras existentes em suas paredes, frutos da química do tempo e da insensibilidade de alguns habitantes muitas vezes não cordiais, que ali imprimiram as marcas de seu desafeto e hostilidade.

Quantas pessoas já não passaram por nossa "casa", deixando sequelas e rachaduras nas paredes de nossos afetos? Este é o momento de restaurar as paredes deste edifício que é a sua vida, curando os afetos e emoções que se encontram aprisionados pela tristeza.

As rachaduras, inevitavelmente, estarão presentes. É preciso identificá-las e trabalhá-las. Elas coexistem em nós, misturando-se com realidades positivas e belas e, consequentemente, influenciando-as de forma negativa.

A psicologia já evidenciou que, infelizmente, nos lembramos muito mais dos problemas, dos fracassos e das frustrações do que do sucesso e das realizações, visto que tais conteúdos acabam nos marcando com mais intensidade.[16] Exatamente por isso, precisaremos atingir as raízes do que está estragado em nós, curando as feridas e não permitindo que elas contaminem o funcionamento de todo o nosso ser.

Nossas "rachaduras" e marcas emocionais serão, muitas vezes, provenientes de nosso orgulho, de uma autoimagem

---

16 Para maior aprofundamento, ler: WINNICOTT, D. W. *Natureza Humana*.

deturpada, da culpa, da tristeza, do sentimento de menos valia, da rejeição, da confusão identitária, enfim, de uma complexa série de deformidades presentes no território de nossos afetos. Independentemente de qual seja a sua gênese, aqui está lançado o desafio para que eu e você identifiquemos e trabalhemos tais realidades extraindo maturidade delas, e, consequentemente, buscando-as curar e ressignificar pela força do amor (fonte de toda restauração afetiva/emocional).

## Feridas ocultadas

Para verdadeiramente realizarmos essa travessia, curando nossos afetos machucados, nos será necessário perder todo o medo de enfrentar as feridas de nossa história, deixando dela emergir o que está sepultado e reprimido, e que muitas vezes se apoia na falsa crença de que o tempo curará tudo.

Existem dores que o tempo não cura, lembranças e feridas que, se não buscarmos profundamente superar, perenemente nos perseguirão como fantasmas vindos de nosso inconsciente, nos aterrorizando e tornando reféns da mentira.

É preciso enfrentar, sem receio e com honestidade, o que emergir de nossa história de vida, a qual, em muitas circunstâncias, é palco de sofrimentos e frustrações. Isso sem, logicamente, assumirmos uma postura de vítima diante da vida, o que nos ausentaria da maturidade necessária à nossa restauração emocional.

Existem pessoas que não possuem sequer consciência da intensidade do sofrimento emocional de que padeceram, desconhecendo as inúmeras feridas afetivas que trazem em si. Todavia, essas marcas não desapareceram pelo fato de serem desconhecidas, mas estão apenas sufocadas por um tampão emocional[17] que repousa sob o assalto do inconsciente. Tais seres humanos sentem-se perfeitos e prontos, mas, exatamente por isso, tornam-se frágeis reféns das próprias feridas e dos vícios, sendo que esses últimos são, na maioria das vezes, apenas uma consequência do tentar "sobreviver" diante das próprias marcas e cobranças, tornando-se uma verdadeira "válvula de escape" de compensação emocional.

Infelizmente, muitos são os corações que nutrem inúmeras reticências no que se refere a encarar as próprias dores e as emoções desordenadas. Muitos acabam fugindo disso, alimentando a tendência de até se culpar por identificar e sentir a dor oriunda das feridas interiores. Todavia, nos será necessário desenvolver a reta consciência que nos fará, sem rodeios, assumir os episódios de nossa história, defrontando-nos com as (multiformes) tristezas que porventura nos habitem, para que assim possamos devidamente curá-las e superá-las.

Sem humildade para aceitar e disposição para trabalhar tais realidades, teremos muita dificuldade em realmente nos restaurarmos na vida, assim desfazendo as pazes com a rea-

---

17 Para maior aprofundamento nas dimensões psicológica e espiritual, ler: PACOT, Simone. *A Evangelização das Profundezas.*

lização tão ansiada por nossa alma e coração. Tal reconstrução, que nos revelará o verdadeiro "endereço" da felicidade, precisará começar, sobretudo, dentro, e não fora de nós. É aí que o amor precisa fincar suas raízes, desmascarando feridas, iluminando as escuridões e ressuscitando as primaveras afetivas que em nós desejam desabrochar.

## LÁGRIMAS DE LUZ

*Mãe...*
*Alegro-me por perceber serenidade*
*em seus olhos,*
*mesmo quando o compasso do tempo*
*fez em mim despertar*
*cenas que me desagradam*
*Não coleciono inverdades... você ensinou*
*assim.*
*Aprendi que*
*as velas choram enquanto iluminam...*
*Choram, por compreender que, para bri-*
*lhar,*
*é preciso morrer (atravessar!).*
*Tal certeza recebi em seus braços...*
*Há uma morte de travessia,*
*águas sem cor que banham*
*o desconhecido em nós,*

*agregando luz aos passos e vida ao coração.*

*Mãe,*

*quero prosseguir, não acompanhado pelo*
*inusitado, mas brilhando em verdade no*
*trivial e assim...*

*honestamente,*

*enfrentando o desconhecido que,*

*por ora, amedronta,*

*para então poder acender esperanças e*
*ressuscitar a luz que clareia*
*os abismos de qualquer imperfeição.*

(Pe. Adriano Zandoná)

# Escutar as próprias emoções — afetos que em nós inauguram novas estações

*"Há um tempo em que é preciso abandonar as roupas usadas, que já têm a forma do nosso corpo, e esquecer os nossos caminhos, que nos levam sempre aos mesmos lugares. É o tempo da travessia: e, se não ousarmos fazê-la, teremos ficado, para sempre, à margem de nós mesmos."*

(Fernando Teixeira de Andrade)[18]

Assim como o poeta e escritor chileno Pablo Neruda,[19] acredito que existe um tipo nocivo de saudade, que nos faz ficar presos a um passado que ainda não passou (que está estacionado dentro de nós), fazendo-nos recusar um presente que nos machuca e que, consequentemente, não nos permite ver um futuro que nos convida, rico de vida e de possibilidades.

---

18 Professor de Literatura em São Paulo (SP).
19 Prêmio Nobel de Literatura em 1971 (pseudônimo de Ricardo Eliecer Neftalí Reyes Basoalto).

Quem se permite aprisionar por esse pejorativo tipo de "saudade" terá muita dificuldade de viver uma concreta realização em seus dias, e isso em virtude de estar extremamente dividido, fragmentado: uma parte de si aprisionada no passado, outra negando o presente e outra, por fim, com medo do futuro... Tal deformidade gerará uma enorme "fadiga" no coração, o qual se verá condenado a gastar em vão a maior parte de suas energias, que deveriam ser bem empregadas na construção daquilo que lhe acrescentaria em realização e felicidade.

Isso é uma condenação concreta!

Sem dúvida, "este tipo de saudade é sentir que existe o que não existe mais",[20] aprisionando-se ao que já passou. Tal atitude perpetuará dores e feridas do passado, tornando o coração condicionado pelas feridas e marcas de sua história. Assim, a pessoa acaba ficando acorrentada ao que não pode mais voltar, sem conseguir transformar o presente e sem, evidentemente, encontrar forças para bem construir o seu futuro.

Certa vez conheci um jovem assim. Seu olhar era triste e seu coração, infelizmente, distante da felicidade. Ele era escravo do ontem, do hoje e, ao mesmo tempo, do amanhã... Exatamente por tal conflito e fragmentação, não conseguia "crescer" e se realizar em coisa alguma na vida.

---

20 Poeta Afonso Henriques, personagem de um roteiro (de novela) escrito por Aguinaldo Silva, Ricardo Linhares e Ana Maria Moretzsohn.

Ele havia sofrido muito em sua infância, em virtude de ter sido criado por pais excessivamente severos e que não lhe permitiram bem desenvolver-se em sua individualidade, principalmente em seus relacionamentos. Seu presente ainda carregava muitas das feridas do seu passado, as quais não lhe permitiam viver bons e sadios relacionamentos no hoje (em virtude de medos, decepções e recalques). Por fim, tal jovem não enxergava nenhuma perspectiva para seu futuro, chegando a temê-lo e a contemplá-lo com extrema negatividade.

Infelizmente, tal realidade é mais comum do que se imagina e tem aprisionado muitos corações, encerrando-os na irrealização, e isso em virtude de deixá-los trancafiados no ontem, no hoje e no amanhã, impedindo-os de bem experienciar qualquer tempo e realidade.

Certa vez, ouvi um poeta afirmar: "A vocação da poesia é pôr palavras onde a dor é demais..."[21] Creio nisso e percebo que Pablo Neruda (quando reflete sobre a saudade), por sua lúdica intuição, sabia muito bem o que estava propondo. Ele sabia que, para crescer e ser feliz, o coração humano precisará reconciliar-se com o ontem (em alguns casos, repleto de feridas e dores), assim podendo bem exercer sua liberdade no hoje e, consequentemente, construir com êxito e realização o amanhã.

Iniciando com tais reflexões, ouso aqui afirmar que independentemente de como você esteja e de como se encontre o

---

21 ALVES, Rubem. *As Melhores Crônicas de Rubem Alves.*

seu processo de crescimento/amadurecimento, tudo pode mudar e se transformar, tornando-se verdadeiramente melhor. Sim, e isso principalmente pela força da fé, a qual será sempre capaz de transformar "os inférteis desertos de nossas histórias em belíssimos rios de vida e de felicidade!".[22]

Se você se percebe limitado por afetos feridos e, consequentemente, necessitado de cura e equilíbrio em suas emoções (muitíssimos corações, em alguma medida, disso necessitam...), saiba que, através deste processo que aqui começamos a propor, muito poderá ser modificado em sua história, visto que através dele nos será possível encontrar — não sem esforços, é claro — meios para melhor administrar o que somos e sentimos, possibilitando-nos um eficaz instrumental para nos tornarmos pessoas mais felizes.

Faz-se necessário, todavia, desprender-se de qualquer fragmentação que nos trancafie no ontem, no hoje e no amanhã, e que nos encarcere em uma infeliz divisão: tornando-nos presos ao passado, não vivendo bem o presente e, por consequência, trancafiados em um intenso medo do futuro. Necessário é romper com essa espécie de cárcere, para nos tornarmos capazes de bem experienciar cada cor e realidade que a vida nos confiar, sabendo delas extrair realização e aprendizado.

Não existem afetos/emoções que não possam ser curados e transformados, e todos eles — por mais complexos e

_____
22 Cf. Isaías 43,19b.

agudos que pareçam — têm sempre algo a nos ensinar. Podemos muito aprender com as feridas de nossa história, visto que as conquistas mais profundas que na vida alcançamos se inauguram, geralmente, a partir de situações conflituosas e marcadas pelo sofrimento. *Os afetos endurecidos pelo inverno de dores e decepções poderão sempre ser transmutados em primaveras de superação e novidade. Basta termos coragem para trabalhá-los construindo com eles um verdadeiro diálogo.*

Poderemos sempre crescer e aprender com nossos erros e feridas sendo que, em geral, estes acabam sendo um valioso instrumental de aprendizado neste processo de nos tornarmos pessoas melhores.

As emoções, que são concretas manifestações de nosso universo afetivo, tornam-se como "entes inteligentes e portadores de um conteúdo altamente significativo para cada um de nós".[23] Precisamos aprender a escutar as mensagens que as emoções nos tentam comunicar, visto que buscam revelar como está a realidade de nossos afetos e as possíveis feridas que se ocultam em nosso interior.

Nossas emoções, tanto negativas quanto positivas, podem se tornar sinais valiosos para reorientar nossos passos. Elas podem se expressar como "internas conselheiras", e não apenas como realidades conflitivas que perturbam nossa paz. Suas manifestações podem se tornar mensagens de fecundo significado para nossa vida e história.

---

23 HERRERO, Joaquín Campos. *Inteligência Emocional.*

A cada dia precisaremos adquirir uma consciência mais clara de nossas emoções, para assim trabalhá-las e alcançarmos os resultados que pretendemos. As emoções negativas (ira, raiva, frustração, tristeza, perda da serenidade) também podem muito nos ensinar, sendo um concreto indicativo de que algo não vai bem dentro de nós e que, por isso, precisaremos devotar uma atenção especial ao interior e ao que nele descansa (muitas vezes, ocultado à consciência).

As emoções feridas e confusas nos alertam para o que se passa em nós, fazendo-nos compreender o real dinamismo de como as coisas estão funcionando em nosso coração.[24]

Atualmente, muitos não têm paciência alguma para observar e trabalhar o próprio interior, pois creem que isso não deve ser valorizado: o importante para estes é o que se produz, visto que valorizam apenas aquilo que — de maneira pragmática — gera algum resultado externo. Exatamente por isso, tais corações não crescem nem amadurecem o quanto deveriam e, consequentemente, não conquistam a felicidade. São muitas as fugas que acabam fabricando: trabalho, amizades, inúmeros compromissos e, sobretudo, uma vida agitada e barulhenta. Quem não tem sensibilidade e disposição para voltar-se ao próprio interior, buscando aprimorá-lo, ou até mesmo curá-lo, poderá se tornar refém das deformidades que nele se ocultam.

---

24 Biblicamente, a sede dos afetos, emoções, razão — enfim, de todo o ser da pessoa.

Através da observação de nossas emoções, receberemos muitos sinais[25] para reavaliarmos e ajustarmos nossas percepções, nosso estilo de vida e nossas atitudes. Não poderemos nunca desprezar ou ignorar nossas emoções, mas, ao contrário, precisaremos cultivar a sensibilidade para saber escutá-las, em tudo buscando decodificar as mensagens que elas constantemente nos enviam.

Emoções como a *tristeza* ou uma sensação de desajuste, por exemplo, podem ser o indicativo de que não estamos tão acertados em nosso lugar na vida (em nossas escolhas, relacionamentos, profissão etc.) e de que precisamos rever nossas prioridades e posições na existência.

A *solidão*, também como exemplo, pode ser o pedido concreto (um verdadeiro grito...) de nosso interior para curarmos as feridas relacionais do ontem, para conquistarmos relações mais profundas e saudáveis no hoje e para lançarmos as bases de um amanhã que poderá ser mais feliz e acompanhado.

Quando nos encontrarmos com emoções feridas, oriundas, por exemplo, de *decepções* sofridas com as pessoas, devemos com elas aprender a amar dispensando menos expectativas sobre os outros, que não possuem a obrigação de ser tudo o que projetamos a seu respeito. Esta é uma mensagem emocional que nos convida a ajustar nosso nível de respeito pelos demais, aceitando-os em sua realidade tal como são

---

25 Verdadeiros diagnósticos.

e não como gostaríamos que fossem (como definimos que deveriam ser etc).[26] Tal mensagem também nos ensina que não somos o centro absoluto do mundo e que nem todos se dobrarão à nossa vontade e àquilo que nós "achamos" ser o certo.

Na emoção da *frustração,* por exemplo, manifestam-se também significativas mensagens: que havíamos buscado uma conquista que não se harmoniza conosco, ou que precisamos observar e "treinar" ainda mais para conseguir verdadeiramente conquistar tal ideal, ou, ainda, que devemos aprender com o suposto fracasso fortalecendo nossas habilidades para assim podermos, posteriormente, empreender tal conquista e superação. Considerada como um desafio, a frustração pode se tornar uma sábia chance de realizarmos uma revisão de vida, a qual nos poderá fazer mais conscientes de nossos limites e mais determinados diante de nossas metas; afinal, "a inteligência humana se alimenta de desafios... Diante de desafios ela cresce e floresce. Sem desafios, ela murcha e morre".[27]

Outra emoção muitíssimo presente em nosso tempo é a que nos faz sentir *sobrecarregados* e *esgotados* sob o peso de inúmeros afazeres e exigências. Tal fato manifesta uma realidade que está verdadeiramente "na moda": o estresse.

"A sobrecarga é a emoção que diminui nossas possibilidades, até nos conduzir a um estado de total prostração ou

---

26 Para maior aprofundamento ler: HERRERO, Joaquín C. *Inteligência Emocional. Suas capacidades mais humanas.* São Paulo: Paulus, 2002.
27 ALVES, Rubem. Op. cit.

impotência."[28] A mensagem inteligente que podemos receber de tal emoção é que, em muitas circunstâncias, estabe-
lecemos projetos e metas que ultrapassam nossas forças e
possibilidades e, também, que ainda não possuímos clareza
e maturidade suficientes para compreender e respeitar os
nossos próprios limites.

Tal emoção ensina que devemos estabelecer *prioridades* e não "abraçar" tudo o que nos aparece, o que nos leva-
ria ao ativismo. Assim seremos capazes de reajustar nossas
atividades e energias, *priorizando* o que na vida nos é realmente *essencial*.

Se lutarmos para estabelecer um "diálogo", em uma
atenta sintonia com nossas emoções, poderemos com elas
muito descobrir, tornando-nos capazes de buscar a cura das
feridas que nos prendem ao passado e que hoje nos fazem
sofrer. De tal forma, conseguiremos transformar nossos afetos e emoções machucados em uma fonte de sabedoria e
florescimento para nossos corações, aprendendo, na escola
da dor, a melhor forma de transmutar nossos desertos em
novas e férteis estações.

Aqui finalizo destacando que a transformação dos afetos e
emoções só se fará concretude através da experiência do amor,
pois *as feridas que foram ocasionadas pela ausência do amor
apenas pelo poder do amor poderão ser curadas*, e isso através
de relacionamentos saudáveis nos quais o amor é ofertado e

---

28 HERRERO, Joaquín Campos. Op. cit.

recebido, e que possibilitarão ao coração desprender-se das marcas e decepções colecionadas pela existência.

É na atitude de amar e ser amado (do jeito certo)[29] que o coração poderá encontrar a cura e maturidade tão necessárias à vida de suas emoções. Apenas através de tal dinâmica será possível a conquista de uma verdadeira realização, que nos levará a integrar no todo que nos compõe os sonhos, anseios e projetos que no coração concebemos.

*Nosso DNA é o amor,*[30] e somente no exercício de um amor autêntico — sem egoísmos, dependências e carências infantis — nosso ser se tornará capaz de vislumbrar uma primavera de felicidade, carregando de um feliz sentido os capítulos que compõem nossa história.

## TARDES DE SANTOS

*A experiência de um autêntico Amor*
*aprimora nosso contato...*
*com o mundo,*
*com as pessoas,*
*conosco mesmos!*
*É impossível separar pessoa e experiência:*
*é como a fruta batida que dá cor e textura ao*
*leite que a envolve.*

---

29 Para um maior aprofundamento, ler a Encíclica *Deus Caritas Est*, de Bento XVI.
30 Fomos criados por amor e para amar (Cf. 1 João 4,7.16b).

*A fruta afeta o leite, transformando-o,*
*tal como a experiência do amor e do Sagrado*
*afeta*
*e transforma*
*quem a vive.*
*Mudança, textura, cor:*
*metáforas de uma metamorfose...*
*que chegam anunciando novas estações*
*e, solenemente,*
*denunciam, sem demora,*
*a radiosa chegada do tempo*
*de ter...*
*verdadeiramente, e*
*sem veladas prisões,*
*um coração mais completo e feliz!*

(Pe. Adriano Zandoná)

# Libertar-se do domínio das carências

*"O segredo da existência não consiste somente em viver, mas em saber para que se vive..."*[31]

(Fiódor Dostoiévski)[32]

Sem dúvida alguma, para sermos pessoas felizes e realizadas precisaremos — no mínimo — entender o "para que" vivemos, compreendendo o sentido de nossa existência. Para a aquisição da felicidade, será necessário viver com sentido e direção, isto é, com foco, sem nos permitir aprisionar por qualquer afeto ou emoção estragados que nos queiram encerrar em uma existência sem sabor e significado.

Infelizmente, a circunstância enunciada no título deste capítulo — as carências — tem escravizado muitíssimas pessoas em nosso tempo, roubando-lhes a alegria e o sentido de suas vidas. São inúmeros os corações, principalmente dos mais jovens, que se têm deixado dominar por diversas formas

---

31 DOSTOIÉVSKI, Fiódor. *O Idiota.*
32 Poeta, romancista e escritor russo.

de carências afetivas, as quais não lhes permitem compreender o próprio valor e os tornam verdadeiros "mendigos" de pobres migalhas de afeto.

"As carências são o vazio que ficou no coração, por não ter recebido o necessário amor afetivo no decurso da vida. São um vazio, uma falta de amor: uma verdadeira fome, uma fome de amor."[33] Tal definição é clara e nos revela, com precisão, a dinâmica de tal realidade, a qual tem o poder de nos introduzir em um verdadeiro cárcere emocional.

Em virtude de um intenso processo de domínio por parte das carências, poderá alguém, por exemplo, ter quarenta anos de idade, mas seus afetos e emoções terem apenas dez. E isso em virtude de não ter recebido amor suficiente para amadurecer e avançar afetivamente ao longo de sua história. Tal pessoa possuirá uma afetividade imatura e infantil, mesmo diante das muitas décadas que coleciona na existência.

Tal fragilidade (carência) pode gerar inúmeros desequilíbrios emocionais, além de causar muitos problemas e desencontros em nossos relacionamentos. Os filhos que não se sentiram suficientemente amados, por exemplo, poderão ter uma grande tendência à rebeldia e a uma constante desobediência para com seus pais. Este comportamento poderá configurar, ainda que de maneira inconsciente, um ato como de "vingança" da parte dos filhos para com os

---

33 PEDRINI, Alírio, scj. *Amor Afetivo em Família.*

genitores, em virtude de não terem recebido o amor afetivo que esperavam receber.

Da mesma forma, as carências podem fabricar problemas na vida conjugal, pois "o casal carente não se casa para amar, mas para ser amado".[34] Seu coração carente só espera receber o amor do outro, não sabendo gratuitamente ofertá-lo. A consequência de tal comportamento será, mais cedo ou mais tarde, brigas, cobranças, exigências e chantagens sem igual, tornando, assim, insuportável qualquer relacionamento e interação.

Uma pessoa carente pode se tornar uma presa fácil para o mal, visto que acabará — em vários aspectos — desprotegida diante da sedução dos vícios e de outras deformidades. Isso pelo fato de seu coração se tornar "altamente influenciável" pelos outros (que nem sempre querem o seu bem), sujeitando-se a inúmeras coisas para receber seu afeto e aprovação.

A carência nos torna inseguros, possessivos, imaturos, infantis e, sobretudo, dependentes dos muitos "jogos afetivos"[35] daqueles que desejarem emocionalmente nos subjugar. Uma pessoa carente e que não consegue superar suas carências desenvolverá uma tendência a ser alguém que se anula para agradar os demais, não respeitando seus próprios limites e desprezando alguns importantes aspectos de

---

34 Ibidem.
35 Chantagens emocionais, processos de domínio afetivo, codependência afetiva etc.

sua individualidade (e personalidade). Um coração assim aprisionado encontrará inúmeras barreiras em seu processo de conquistar uma real felicidade.

A carência nos faz delegar a outros o exercício de nossa liberdade, fazendo-nos, muitas vezes, verdadeiras marionetes afetivas nas mãos daqueles que nos oferecerem migalhas de afeto. Essa é uma das piores e mais veladas formas de escravidão: a prisão dos afetos motivada pela carência e vazio do coração.

Muito se fala da dependência das drogas e do álcool, contudo, pouco se fala da dependência gerada pela carência afetiva que nos faz escravos de outros olhares e decisões, e que furta de nosso coração a possibilidade de ser feliz.

Um dia conheci uma jovem com uma história muito especial. Digo especial porque, mesmo em meio a muitas dores e feridas, conseguiu se compreender e curar em decorrência de uma forte experiência com um autêntico Amor.

Ela é uma jovem muito bela, inteligente e tristemente marcada pela vida. Foi gestada e criada sem a presença do pai, que abandonou definitivamente sua mãe quando tomou conhecimento de sua gravidez. Durante sua dura infância, diante da excessiva carga de trabalho da mãe que precisou ser "mãe e pai" ao mesmo tempo, tal jovem nunca recebeu quaisquer gestos de amor afetivo por parte de seus familiares. O amor afetivo de sua mãe era ofertado em forma de necessidades materiais supridas, visto que ela trabalhava duro para prover todas as exigências e necessidades da filha. Todavia, a jovem pouquíssimas vezes foi abraçada por sua mãe e, infelizmente, nunca ouviu a importantíssima confissão materna: "Eu te amo, filha, você é muito importante para mim!"

Ela cresceu sem afeto, sem abraço, sem toque, sem sentir o cheiro e a presença de sua mãe e familiares. Aqui ressalto, como a própria psicologia já sinalizou,[36] que essas realidades (expressas por um amor afetivo: que abrace, beije, fale, enfim, que demonstre o afeto) são essenciais para o sadio desenvolvimento afetivo e emocional de qualquer ser humano (personalidade, identidade etc.), e isso principalmente nos primeiros estágios de sua vida.

Esta bela jovem, que cresceu com um enorme vazio de afeto no coração, logo nos primeiros anos de sua adolescência permitiu-se escravizar por suas carências e por pessoas que não a souberam respeitar. Ela não soube, ou não conseguiu, desenvolver sua identidade e vontade, e sempre agia e reagia a partir das escolhas de outros, nunca partindo de suas próprias iniciativas. Qualquer um que lhe oferecesse migalhas de afeto conseguiria o que desejasse, já que ela sequer conseguiria argumentar o contrário. Qualquer falsa demonstração de afeto a tornava, enfim, refém.

Ela foi, aos poucos, tornando-se uma pessoa confusa, dominada por carências e constantemente nervosa. Sua irritação

---

36 Para maior aprofundamento, ler: MARTIN, H. Padovan. *Curando as Emoções Feridas. Vencendo os Males da Vida.*

a acompanhava durante as 24 horas do dia, e tudo na vida era para ela um peso insuportável.

Aos poucos ela foi cedendo aos rapazes que se aproximaram e, ao primeiro que lhe ofereceu alguma forma de afeto, ela se permitiu escravizar em uma sexualidade desregrada (aos onze anos de idade). Ela era tão carente que não sabia, mesmo diante de sua pouquíssima idade, dizer não aos apelos deste rapaz. Havia dentro dela um enorme vazio de amor, que seu coração sequer conseguia compreender e que a subjugava, tornando sua vida infeliz e sem sentido.

Tal jovem se entregou profundamente ao sexo em busca de preencher o vazio de suas inúmeras carências. Porém, só conseguia fazê-lo aumentar ainda mais, visto que, após cada relação sexual, ela se sentia ainda mais vazia e usada (instrumentalizada). O vazio produzido pela carência foi aumentando e ela começou a "sair" com muitos outros homens (alguns até casados e bem mais velhos do que ela), mas nada verdadeiramente a preenchia.

Diante de tais circunstâncias, a moça começou a ser tratada por muitos de seus "amigos" como uma meretriz. Todavia, bem no fundo, o que se ocultava dentro dela não era uma mulher pervertida e prostituída, mas sim uma carente criança (do ponto de vista afetivo) necessitada de colo, atenção e, sobretudo, de um amor verdadeiro e desinteressado.

Sua vida foi se tornando um verdadeiro "inferno" e seu jovem coração permanecia refém de uma constante angústia e infelicidade. Aos poucos ela foi se percebendo como uma escrava do sexo, não respeitada pelos demais, não amada por ninguém, enfim, com uma vida sem sentido e sem razão para acontecer.

Em sua busca de amor e motivada por suas carências, seu coração sujeitou-se a tudo. Tudo mesmo... Ela se sujeitou a coisas horríveis em busca de afeto e carinho, sendo profundamente humilhada por muitos que se aproveitaram de suas fragilidades e que a expuseram constantemente ao ridículo.

Até que chegou o dia em que ela decidiu acabar com a própria vida, cometendo o suicídio (tentativa essa que, felizmente, não obteve eficácia). Mas, afinal, qual era o seu real problema?

Seu problema não era apenas o sexo desregrado, tampouco os fracassos momentâneos que colecionava. A gênese de sua fragilidade era bem mais profunda, estava no coração, em sua vida afetiva e emocional que ocultava inúmeras carências de amor, as quais muito a marcaram e fizeram-na refém.

Felizmente, tal jovem "acordou" a tempo. Ela viveu uma preciosa experiência de restauração emocional em um retiro espiritual que realizou, no qual se sentiu amada e cuidada por Deus, mesmo diante dos sórdidos enredos de sua história. A partir de tal encontro, ela renasceu e reconstruiu sua vida interior e afetiva.

É claro que tal realidade se deu de forma processual e não instantânea: ela precisou conquistar novos e bons amigos e cultivou tais amizades, buscou construir a vivência de uma sólida espiritualidade, se empenhou na busca de restaurar o relacionamento com sua mãe (perdoando-a e lhe demonstrando afeto), iniciou um processo terapêutico[37] e, enfim, deu os passos necessários para a conquista de uma nova vida, buscando o equilíbrio e a cura de seus afetos e emoções.

Quantos não são os corações que se encontram infelizes em virtude de carências e vazios? Quantos olhares não carregam dores e feridas profundas que os marcaram e que ainda os acompanham, tornando suas vidas pesadas e sem sentido? Talvez até você, que agora lê estas páginas, identifique alguns desses processos acontecendo em sua história e coração. Saiba que a tudo isso será necessário reagir, não se permitindo escravizar por tais realidades.

A carência percorre as estradas de muitos corações, tornando tristes suas histórias e opacos os seus olhares. A carência não pode e nem deve ser suprida, pois assim ela fabrica escravidão. *A carência precisa ser curada e superada!* Este será o caminho que o levará a uma concreta restauração e libertação afetiva.

A carência gera muitos vícios e males, pois é uma ferida aberta diante da qual se aninham muitíssimas outras fragili-

---

37 Com um bom psicólogo, que muito a ajudou a compreender e aceitar sua história.

dades: vícios, desordens afetivas, inveja, ciúmes etc. Ela nos torna pesados, mesquinhos, apegados, egoístas, possessivos e, sobretudo, infelizes. Um processo continuado de carências não superadas pode furtar por completo o sentido de nossa vida, levando-nos a uma tristeza aguda e até — em casos mais extremos — ao desejo de encerrar nossos dias por meio do suicídio.

A carência fabrica infantilidades e imaturidades... No carente tudo dói mais e, em virtude de suas dores e vazios, ele acabará sempre sufocando as pessoas e exigindo delas o que jamais poderão oferecer-lhe.

Uma pessoa carente terá a tendência a se tornar alguém extremamente inseguro e inconstante. Tal coração só se sentirá bem quando ouvir alguém dizendo que ele está bem, ou seja: tal pessoa não conseguirá ser feliz por si mesma, sempre "dependendo" da aprovação (e elogios) dos outros para assim ter a devida segurança para "acontecer" na vida. Isso, sem dúvida alguma, é uma concreta forma de escravidão, através da qual o ser humano se torna cativo de um outro e sua pessoal realização passa a depender, única e exclusivamente, do humor e da aprovação desse coração.

Outra forma de cárcere gerado pelas carências se manifesta na atitude daqueles que, desequilibradamente, se autossacrificam por todos, sempre e a todo custo. Sua extrema necessidade de se sentir amado e aprovado está neuroticamente ligada à tentativa de agradar a todos, para que estes o amem e supram suas afetivas carências. Tais pessoas são extremamente dependentes da aceitação alheia, e sua autoestima e identidade baseiam-se unicamente no que os outros pensam, sentem e dizem a seu respeito.

Esta é uma espécie de cárcere, que faz com que o coração se aliene e transfira a sua vontade e liberdade para outro coração, o qual nem sempre elegerá o que lhe for emocionalmente saudável. É preciso ter coragem para romper estes processos definitivamente, cortando as cordas que nos prendem a relacionamentos doentes e desequilibrados, os quais nos ausentam da possibilidade de ser feliz.

De maneira geral, aqueles que foram criados em famílias (ambientes) nas quais o amor não era expresso em gestos afetivos terão muito mais dificuldade em expressá-lo e, consequentemente, se tornarão candidatos ao cárcere das carências afetivas. Contudo, ninguém tem o direito de estacionar em seu processo de amadurecimento afetivo/emocional por tal justificativa. É preciso se atentar a tais processos (interiores), reagindo a eles e abrindo o coração para amar e para receber amor.

Isso poderá, muitas vezes, significar uma concreta violência, principalmente para aqueles que não foram habituados a ofertar e receber o amor afetivamente (com gestos etc.). Todavia, para realmente crescermos e superarmos as carências que nos aprisionam, muitas vezes teremos que nos permitir "violentar" pelo amor (no sentido de expandir nossos limites e amar mais), a fim de que ele, posteriormente, possa nos curar e restaurar em profundidade.

Há muitos, ainda, que possuem uma concreta dificuldade em se deixar amar e cuidar por alguém, isso porque no fundo são tão carentes que até se sentem mal quando são amados e valorizados por outros corações. Ficam completamente sem graça e literalmente perdidos quando alguém procura amá-los, de forma direta e afetiva.

Necessário é cultivar a compreeensão de que somente o amor poderá curar as carências do coração e de que não há qualquer teoria ou raciocínio que possa fazê-lo, pois, como dizia o filósofo Blaise Pascal: "Uma gota de amor vale mais que um oceano de inteligência."[38]

É preciso se permitir amar tendo também a coragem de ofertar o amor, visto que será isso o que nos restaurará e curará em nossos vazios. Afinal, o processo de cura das carências afetivas só se tornará verdadeiramente possível através do exercício do amor afetivo, constantemente dado e recebido, independentemente do contexto e personagens. É preciso ter iniciativas de amor, as quais, por sua vez, gerarão um propício ambiente de amor, pois, afinal: o amor atrai o amor, e a atitude de amar sempre dará à luz um ambiente e atitudes de amor, mesmo em circunstâncias de hostilidade e desafeto.

É claro que tal realidade não será mágica nem instantânea, e contará com nosso empenho, dedicação e perseverança para verdadeiramente se concretizar, inaugurando em nossa existência enredos mais felizes.

---

38 PASCAL, Blaise. *Pensamentos*.

Faz-se tarefa essencial não ter medo de amar e de demonstrar o afeto em qualquer situação; isso sem desequilíbrios, é claro. Tal realidade curará o coração, enchendo-o de luz, esperança e vida nova.

Concluo retomando a afirmação já expressa em nosso percurso: as feridas do amor (causadas por sua ausência ou excesso) só o amor curará. Por isso, aqui apresento o seguinte desafio: amemos e permitamos que o amor nos cure, reconstruindo as cores, cenas e capítulos de nossa história. Não tenhamos medo e nos abramos a tal experiência, que, com certeza, acrescentará sentido e direção para nossa vida e para as circunstâncias que a compõem, confiando-nos um novo ânimo e uma nova disposição para lutar por nossa real felicidade.

# Superar a rejeição

*"Cada ser humano é o fruto de um pensamento de Deus. Cada um de nós é querido, cada um de nós é amado, cada um é necessário..."*

(Bento XVI)[39]

Dentre as realidades mais negativas à saúde afetiva e emocional de um ser humano, o sentimento de rejeição encontra um lugar privilegiado. Este é um sentimento altamente destrutivo, que, se não for superado e transformado, poderá desfigurar a vida emocional, tornando o coração doente e povoado pela tristeza.

Madre Teresa de Calcutá bem expressou tal compreensão ao dizer que "a pior doença que existe não é o câncer nem a tuberculose, mas sim o não ser amado e desejado", ou seja, o sentir-se rejeitado. Esse sentimento é verdadeiramente "tóxico", visto que corrói em nós o amor e impede nossos olhos de contemplar o bem presente em cada realidade.

---

39 Discurso em 24/04/2005.

A rejeição é bastante poderosa: muitas vezes deixamos de fazer inúmeras coisas somente pelo receio de sermos rejeitados, e em alguns casos por pessoas que não têm qualquer ligação emocional conosco. Isso se pode perceber no dia a dia, em pessoas que têm dificuldades de pedir informação, de chamar alguém para dançar, de oferecer ou vender algo, apenas pelo medo de serem rejeitadas ou contrariadas.

A gênese da rejeição pode ocorrer ainda na infância, sob variadas formas: filhos que são abandonados pelos pais, levados para adoção, que se sentem rejeitados e percebem outro irmão como sendo mais querido, que são criticados demais, não elogiados, comparados negativamente a outras crianças etc.

Na vida adulta, a raiz da rejeição pode se instaurar sob outras maneiras: casamentos desfeitos, namoros rompidos unilateralmente, perda de emprego ou cargo, humilhações e tratamentos diferenciados no trabalho, amizades desfeitas etc.

Para alguém que traz em si um agudo sentimento de rejeição ainda não percebido e trabalhado, a vida se revelará opaca, pesada, e as coisas acabarão por perder seu encanto. Afinal, para quem não se percebe amado e aceito, nenhuma conquista valerá a pena: para tal coração, tanto faz vencer ou perder, ser feliz ou não.

A rejeição é também um "sentimento cardeal", que acaba abrindo as portas para outras feridas e deformidades emocionais, tais como a inferioridade, o sentimento de me-nos-valia (ou baixa estima de si) etc. A tal sentimento será preciso sempre atentar, não permitindo que ele inspire nossas atitudes e reações, visto que suas sugestões serão sempre falsas e tenderão a nos encerrar na infelicidade (pois tendem a apresentar expressões emocionais mais negativamente intensas). O coração que se permitir conduzir pela rejeição terá dificuldade de acreditar no amor e de perceber-se importante para alguém. Isso pelo fato de ainda não ter experienciado o amor e a valorização, o que o tornará refém de uma visão limitada, impedindo-o de vislumbrar a possibilidade de dias melhores para a sua história.

A rejeição, que revela uma terrível ausência de amor, é capaz de enrijecer qualquer coração. Acredito que não existem pessoas ruins, o que existe são pessoas que não foram amadas, visto que a ausência de amor é capaz de gerar um verdadeiro monstro, assim como a presença do amor e do cuidado são capazes de construir alguém profundamente amável e feliz.

Quero, também, ressaltar que nenhum de nós passará por este mundo sem experienciar alguma forma de rejeição. Crer no contrário seria demagogia e ilusão. Na família, na escola, no trabalho, em nossos relacionamentos, todos — em alguns momentos — já nos sentimos rejeitados, assim como também já rejeitamos outras pessoas. Isso é natural e por vezes acontece de forma inconsciente, quando somos desaprovados ou quando desaprovamos outras pessoas, e isso sem mesmo compreender o porquê de tal realidade.[40]

Em algumas circunstâncias, também, já realizamos o ofício de rejeitar a nós mesmos por algum aspecto de nosso corpo, história ou personalidade que nos desagradou ou que feriu algum ideal de perfeição.

A rejeição é muito mais presente do que imaginamos. Por isso, precisaremos constantemente aprender a bem administrá-la em nós, buscando formas inteligentes para curá-la e superá-la, não permitindo que ela nos encarcere na angústia.

Quando nos sentimos rejeitados, principalmente em nossa infância ou ainda na concepção, tal realidade poderá gerar em nós um agudo sentimento de indignidade,[41] o qual, por sua vez, abrirá margem a sentimentos e atitudes negativas. Sentiremo-nos sós e tristes em virtude de nos percebermos rejeitados, e assim acabaremos nos contemplando como pessoas sem valor ou virtude ("a pior das pessoas"), e isso pelo fato de não termos sido desejados e aprovados

---

40 Obviamente, isso acontece devido a algum aspecto na pessoa em questão que não nos agrada (ou em nós, que não agrade o outro), e que desconhecemos conscientemente.

41 Este processo em nós, em algumas circunstâncias, acontecerá sob o sequestro da inconsciência. Quando isso acontece, acabamos ficando sem conseguir identificar a origem de tais sentimentos e quais foram os reais motivos que os geraram em nós. Em virtude disso, o autoconhecimento será sempre essencial em qualquer processo de cura: se não conseguirmos bem identificar a dinâmica dos processos emocionais presentes em nós, será muito difícil trabalhá-los e curá-los, pois grande parte de um real processo de transformação interior começa a partir da sincera conscientização das próprias feridas e fragilidades. Todavia, tal autoconhecimento precisa, obviamente, ser iluminado e conduzido pela força da fé, alimentado-se de uma sadia e viva espiritualidade (relacionamento com Deus).

no que somos e fazemos desde nossas raízes mais profundas como seres humanos: gestação, infância etc.

Tal compreensão poderá em nós gerar, a partir da química do tempo, um terrível sentimento de uma imagem desvalorizada, o qual negativamente afetará nossa autoestima. Dessa forma, seremos muito prejudicados em nossos relacionamentos, visto que neles não seremos capazes de bem assumir e expressar nosso genuíno valor, tornando-nos, por consequência, facilmente manipuláveis e instrumentalizáveis por outros corações.

A pessoa que se sente rejeitada terá uma tendência a estar sempre "na defensiva", e isso por em si alimentar a constante impressão de que, em algum momento, as outras pessoas a irão rejeitar. Tais seres humanos possuirão grande dificuldade de confiar nos outros e, consequentemente, de desenvolver e aprofundar seus relacionamentos e amizades, acabando (como que por um instinto de sobrevivência) por afastar de si as pessoas. Tal circunstância poderá gerar, como infeliz consequência, um enraizado sentimento de revolta, o qual falsamente dirá ao coração que ele não possui qualquer valor ou motivo para existir, fabricando inúmeros traumas e complexos.

Esses corações nutrirão a constante tendência a rejeitarem a si mesmos, não sendo capazes de "fazer as pazes" com a própria história e assumindo a postura de eternos insatisfeitos com a vida. Correrão o risco de constantemente negar e não aceitar os enredos — o contexto, muitas vezes doloroso — de sua família, origem e relacionamentos, criando, assim, mágoas e feridas multiformes nos próprios afetos e emoções.

O caminho para a cura e restauração será sempre o da reconciliação: com a própria história (com seus enredos e paragens) e com a própria identidade (em suas virtudes e fragilidades, no que há de bom e de ruim em si).[42]

Nem sempre temos a história que desejaríamos ter, e nem sempre somos o que gostaríamos de ser, tanto internamente (personalidade/temperamento) quanto externamente (corpo, aparência etc.). Para sermos realmente felizes, precisaremos superar a rejeição ao que somos e vivemos, concedendo a nós mesmos o perdão por muitas vezes termos frustrado nossos anseios e expectativas na vida. Tal atitude será uma aguda manifestação de maturidade, a qual nos colocará no caminho para a construção de uma fecunda realização.

Sem essa reconciliação com nossas fragilidades e — utilizando uma terminologia junguiana[43] — com nossas trevas, não nos tornaremos capazes de alcançar a paz e a felicidade para o nosso coração.

---

42 É preciso reconciliar-se com a verdade da própria identidade, mas isso sem se acomodar no que é ruim (imperfeições). Será sempre necessário reconhecer e integrar em si as próprias fragilidades (o que nos configura como humanos), contudo, sempre lutando para transcendê-las e superá-las.

43 Conceito elaborado por Carl Gustav Jung, psiquiatra e psicoterapeuta suíço que fundou a psicologia analítica.

Faz-se extremamente necessário compreender e aceitar as próprias inconsistências e fraquezas, reconciliando-se com elas (sem, contudo, nelas estacionar) e superando toda forma de autorrejeição.

Ainda refletindo sobre as múltiplas raízes para o sentimento de rejeição, ressalto que o contexto contemporâneo é, sob variados aspectos, um grande causador de circunstâncias que favorecem tal realidade: vivemos em uma sociedade complexa, na qual muitos seres humanos vêm ao mundo através das inconsequentes "aventuras sexuais" protagonizadas por seus pais. Muitos não foram desejados nem esperados e, exatamente por isso, trazem em si uma "rejeição de base" gerada já no ato de sua concepção.

Tal rejeição prenuncia uma futura trama afetiva a ser intensamente encenada, provavelmente na adolescência ou juventude, por sentimentos de revolta, rebeldia e tristeza que tenderão a manifestar-se através de atitudes nocivas e profundamente autodestrutivas.

Aqui me sinto obrigado a expressar claramente, como a própria ciência e a psicologia já o fizeram[44], que muitos dos vícios e dos sérios problemas que assolam nossos jovens de hoje encontram suas raízes na dimensão afetivo/emocional: em complicados processos interiores inaugurados por experiências de rejeição e desafeto, as quais muitas vezes aconte-

---

44 Para um maior aprofundamento, ler: DOIMO, Angela R. "Desenvolvimento Afetivo e a Aprendizagem".

ceram ainda na concepção e gestação e, a partir daí, fabrica-
ram consequências terríveis pelo resto de suas vidas, como:
revolta, violência, rebeldia, vícios etc. (podendo, também,
acarretar sérias doenças emocionais).

Um jovem que, quando criança ou ainda enquanto feto,
foi profundamente rejeitado e não se sentiu amado ou aceito, torna-se, potencialmente, um futuro problema familiar
e social: uma espécie de "bomba-relógio" pronta a explodir
diante de qualquer "faísca" de desafeto... A criança, principalmente nas primeiras fases de vida, tem uma profunda
necessidade de amor afetivo. Ela precisa sentir o amor e a
aprovação por parte de seus genitores, para assim crescer e se
desenvolver afetiva, emocional e socialmente.

Grande parte dos vícios e da violência protagonizados
por nossos jovens são, na maioria das vezes, uma manifestação da revolta e desamor que carregam no peito. Os vícios e
violência são apenas o sintoma, e não a verdadeira doença:
sintoma de interiores e complexas feridas (nos afetos e emoções), que necessitam urgentemente ser tratadas e curadas.

Como já afirmamos, a rejeição e a ausência de amor — principalmente por parte de pais e familiares — são capazes de gerar
verdadeiros "monstros". A partir disso, concluo que muitos dos
"jovens-problema" hoje presentes em nossa sociedade (os
quais superlotam nossas reclusões penitenciárias) teriam um

destino muito diferente se, em suas vidas, seus pais e familiares os tivessem amado e acolhido com inteireza.[45]

Todavia, em um tempo no qual, muitas vezes, impera o egoísmo e o individualismo (unido à busca de um prazer hedonista)[46], muitos pais querem apenas saber de "suas vidas pessoais", sem sequer preocupar-se em exercer qualquer ofício de cuidado e carinho para com seus filhos.

Há inúmeros homens e mulheres irresponsáveis (perdoe-me a franqueza) que agem apenas instintivamente (de forma animal...) e em tudo buscam somente sexo, compensações e baladas, vivendo sempre à procura de experiências que lhes causem muito prazer, e isso sem nutrir qualquer preocupação com as possíveis consequências de suas impensadas escolhas. Assim, quando acontece, por exemplo, uma "indesejada" gravidez, tais seres humanos optam por simplesmente assassinar esta nova pessoa — seu filho — através do aborto, ou ainda, concebem-na e a "jogam" aos cuidados de outros (muitas vezes da avó ou avô)[47], terceirizando a responsabilidade que lhes é própria no processo de educação/formação de seus filhos.

---

45 É importante também perceber que, atualmente, há alguns que estão na penitenciária não apenas por ausência de afeto, mas, também, por um excesso de amor desequilibrado, protagonizado pela falta de limites.

46 Busca de um prazer apenas instintivo e carnal, do prazer em si mesmo, o qual despreza o bem e a felicidade própria e dos outros.

47 Se tais cuidadores forem, da mesma forma, irresponsáveis, estamos diante de um círculo vicioso que fabricará uma sociedade doente. Contudo, se eles forem capazes de ofertar seu carinho e afeto para tal criança, essa infeliz cadeia poderá ser rompida, inaugurando cura e esperança neste coração.

Assim, esses irresponsáveis corações continuam sua ego-cêntrica jornada de prazer e baladas, preocupando-se apenas com o próprio eu, sem sequer acompanhar a vida e a história de seu filho(a).

O que esses seres humanos desprezam é que tal rea-lidade, mais cedo ou mais tarde, lhes custará muito caro, acarretando terríveis consequências para a vida (emocional e prática) de seus filhos, visto que aquilo de que eles mais ne-cessitavam para bem crescer e se desenvolver era o amor e a presença de seus pais, o que lhes foi negado e ocasionou inú-meras feridas e complexos interiores, que se manifestam em comportamentos rebeldes, complicados e autodestrutivos.

Para todo e qualquer coração será sempre danoso, com nocivas consequências, perceber-se rejeitado e desaprovado pela vida. Tal sentimento é, de fato, o grande motivador da revolta e angústia em muitíssimos corações, e isso princi-palmente quando tal rejeição aconteceu por parte das pes-soas mais necessárias (e próximas) em nossa vida: os pais e demais familiares.

As experiências de rejeição tendem a gerar no ser hu-mano, ainda que inconscientemente, um agudo desejo de autodestruição que resultará em uma percepção extrema-mente negativa com relação à vida, a qual condenará o olhar a contemplar a realidade sob a ótica da derrota.

Para conseguirmos superar (e curar) esse sentimento, nos será necessário construir um sério processo de auto-observação, através do qual nos tornaremos capazes de identificar as situações que deram origem a tais feridas. Assim descobriremos a raiz de nossa rejeição, ou seja, as circunstâncias que a geraram, podendo melhor trabalhar nossas emoções e nossa autopercepção.

A cura profunda se tornará possível através de um processo de restauração emocional, no qual poderemos receber amor e também ofertá-lo,[48] superando toda revolta nascida do fato de não nos sentirmos amados e especiais. Para a conquista de tal restauração, o coração precisará tornar-se "amigo do tempo", dando passos com continuidade e perseverança, buscando compreender os verdadeiros mecanismos de rejeição já atuantes em si, para assim trabalhá-los a partir de sua gênese e raiz.

Por meio dessa compreensão nos será possível, através de racionais e inteligentes iniciativas, reagir aos estímulos e sugestões da rejeição em nós, neutralizando sua voz interior que deseja nos aprisionar na angústia e no desamor.

Nesse processo também nos será necessário o cultivo de sinceras e humanizadas amizades, com pessoas que possam verdadeiramente nos auxiliar na descoberta do que essencialmente somos: manifestando nossas virtudes e nos alertando acerca de nossas debilidades e tendências autodestrutivas.

---

48 Tal atitude será constantemente evidenciada ao longo de nosso livro. É óbvio que ela não é mágica nem instantânea, contudo, com convicção e clareza, afirmamos: ela é a fonte da cura em inúmeras áreas de nossa vida e história.

Sobretudo, para a eficácia de tal restauração e para que, de fato, superemos esse sentimento e suas consequências, nos será extremamente necessário contar, como dizia o filósofo Paul Ricoeur, com o "superior auxílio do Inefável":[49] de um Amor infinitamente superior, o qual nos poderá profundamente curar e restaurar em nossas ausências e feridas mais profundas. Sem a força desse Amor nenhuma cura e restauração poderá fincar raízes reais no solo de nossa história.

Existem algumas formas de rejeição que, de alguma maneira, nos inserem em inconscientes cativeiros emocionais. Por isso precisaremos sempre contar com o auxílio de Deus, que muito nos ama e que está além dos fatos e dores que nos marcaram. Dele receberemos a força e uma nova dinâmica para nos enfrentar e reinventar diante da vida.

Faz-se necessário buscar esse auxílio, compreendendo e assumindo a Sua eleição[50] de amor por cada um de nós. Tal amor e escolha de Sua parte superam toda e qualquer humana rejeição.

Seu amor nos deu a vida. Seu olhar nos dá força e coragem para prosseguirmos em nossa história. Essa experiência se fará extremamente essencial para a superação do sentimento de rejeição, pois não há ferida que um verdadeiro amor não possa curar, ainda mais quando falamos de um Amor infinitamente superior a toda e qualquer humana fragilidade.

49 RICOUER, Paul; LACOCQUE, André. *Pensando Biblicamente*.
50 Cf. Isaías 49,1.

Este Amor, unido a outras experiências de amor humano, acenderá em nós novas luzes, preenchendo com belos e felizes episódios todos os capítulos que configuraram a nossa existência.

> Às vezes temos que "passar por cima" de nossa raiva [...] e de nossos sentimentos de rejeição para seguir adiante. Somos tentados a ficar presos a nossas emoções negativas como se lá fosse nosso lugar. Então nos tornamos "o ofendido", "o esquecido" ou "o rejeitado". Sim, podemos nos vincular a essas identidades negativas e até mesmo ter um prazer mórbido com isso. Talvez seja uma boa ideia analisar esses obscuros sentimentos e tentar descobrir de onde eles vêm. Mas, então, chega o momento em que temos que passar por eles, deixá-los para trás e seguir adiante em nosso percurso.[51]

"A suprema felicidade da vida é a convicção de ser amado por aquilo que você é, ou melhor, apesar daquilo que você é"[52] (Victor Hugo).[53]

---

51 NOUWEN, Henri J. M. *Pão para o Caminho*, p. 96.
52 HUGO, Victor. *Os Miseráveis*.
53 Poeta, romancista e dramaturgo francês.

# Dialogando com as frustrações: a superação do sentimento de inferioridade

*"A vida só pode ser compreendida olhando-se para trás, mas só pode ser vivida olhando-se para a frente."* [54]

(Soren A. Kierkegaard) [55]

A frustração é, de maneira objetiva, o sentimento que brota da não realização de um desejo ou de uma meta pessoal. Ou seja, é uma reação interna diante de expectativas que não foram correspondidas, é o que sentimos quando algo que desejamos ou esperamos não acontece.

Essa não satisfação do desejo, manifestada pela frustração, gera em nós uma espécie de tensão interna, a qual, geralmente, se expressará por meio de uma sensação de aborrecimento e tristeza ou, em situações mais extremas, até de desespero (podendo chegar a casos depressivos).

---

54 KIERKEGAARD, Soren A. *Temor e Tremor.*
55 Filósofo dinamarquês.

Em muitas circunstâncias, a reação externa a esse sentimento se dará na forma de um comportamento agressivo, o qual será infantilmente (e, por vezes, até inconscientemente) escolhido como a melhor maneira de lidar com o desconforto provocado por tal sensação. Para os imaturos corações que ainda não aprenderam a lidar com tal realidade, essa forma de reação será corriqueira e comum, e em muito prejudicará suas interações e relacionamentos ao longo da vida.

Outra forma de reação muito comum através da qual inúmeras pessoas expressam os apelos de suas frustrações será uma espécie de "regressão" a um comportamento infantil, pelo qual se buscará comover os demais por meio do drama e da "apelação emocional"[56], manifestando, assim, uma aguda imaturidade.

Digamos com franqueza: quem de nós nunca experienciou alguma espécie de frustração? É raro em nossos dias encontrar alguém que não traga no peito, ainda que de forma não acentuada, multiformes expressões de frustração e de não correspondência dos próprios sonhos e projetos. Todos, em algumas circunstâncias, já nos frustramos e tivemos metas que não se concretizaram ou que não aconteceram do jeito como havíamos idealizado. Em alguma medida, todos já perdemos, choramos... enfim, nos frustramos com algo ou alguém.

---

56 Para um maior aprofundamento, ler: FERRARI, Juliana Spinelli. Frustração.

A frustração faz parte de nossa história humana, porém, diga-se de passagem, o problema não é tanto se frustrar ou não, mas sim a maneira como lidamos e dialogamos com as frustrações que se equacionam em nossa vida.

Existem frustrações que são momentâneas e que servem para nos aperfeiçoar e ensinar, como, por exemplo, a frustração de não passar em um concurso ou vestibular, de ficar desempregado, de não ser o campeão em um determinado esporte, de não atingir uma meta profissional etc. Tais frustrações são circunstanciais e acontecem para, de alguma forma, nos ensinar a, posteriormente, vencer. Elas podem se tornar um "pedagogo" que nos prepara para a vida e para futuras conquistas.

Todavia, existem frustrações mais complexas, que não são momentâneas e que nos acompanharão ao longo de nossa existência. A frustração, por exemplo, de ter perdido alguém que se amava, de não ter um pai ou mãe, de ter sido traído ou abandonado, de portar uma grave enfermidade, de não ter realizado um sonho ou ideal, de ter se atrasado no relógio da vida e perdido maravilhosas oportunidades, de perder algo que não pode mais voltar etc. Com tais frustrações precisaremos aprender a conviver e dialogar.

É difícil administrar a dor gerada por uma frustração, a qual, em muitos casos, será aguda e poderá instaurar em nós um intenso sentimento de derrota e inferioridade. No entanto, não haverá outro caminho para crescer curando os próprios afetos e emoções, para isso será sempre necessário aprender a bem dialogar com os processos de frustração inaugurados em nós: não fugindo deles, mas procurando formas mais acertadas de conviver e dialogar com seus específicos apelos.

Infelizmente, o movimento que atualmente se percebe acaba sendo o contrário, visto que muitas pessoas fazem de tudo para ocultar e negar suas próprias frustrações e feridas, mentindo para si mesmas e, infantilmente, convencendo-se de que tudo está bem em seu coração. Contudo, muitas vezes, não estará tudo bem, sendo necessário enfrentar — sem medo — as dores geradas pelas frustrações ocultadas na própria história, aprendendo a com elas crescer, já que elas sempre nos poderão acrescentar significativos ensinamentos.

Em algumas circunstâncias, para nossa cura e crescimento, será extremamente positivo expressarmos (verbalizarmos) os sentimentos e dores existentes em nós, nascidos de nossas frustrações. Quando falamos, trazemos à luz a frustração que em nós habita, retirando-a da condição de "tabu" e aprendendo a com ela dialogar. Afinal, as frustrações são mesmo reais e fazem parte de nossa história; quando delas falamos, acabamos retirando-as do interior anonimato e, assim, podemos compreendê-las melhor, descobrindo formas mais eficazes de com elas lidar.

Todavia, a expressão verbal deste conteúdo interior precisa se realizar de forma equilibrada e com as pessoas certas, pois não será positivo se o coração confidenciar seus insucessos a pessoas não preparadas para compreendê-los e acolhê-los, as quais poderão reagir de maneira destemperada e ausente de sabedoria (e acolhida).

Lamentavelmente, há muitos que aprendem desde crianças — também através dos inúmeros filmes americanos que exercem um desvelado domínio sobre nossa cultura — que é preciso ser forte e "durão", nunca falando dos problemas pessoais e ignorando as feridas interiores. Todavia, este não é — nem de longe — o melhor jeito de se lidar com as próprias frustrações, visto que, se com elas não aprendermos a dialogar, correremos o sério risco de ser por elas perseguidos como eternos fugitivos.

Abrindo um parêntese: percebo que, infelizmente, acabamos "importando" muita coisa ruim para nossa vida e cultura, sem ao menos perceber e analisar de maneira crítica tais conteúdos. Um fato curioso e engraçado: muitos brasileiros colocam em seus filhos os nomes dos astros de Hollywood, os quais muitas vezes são fortes e durões (não demonstram nem acolhem suas fraquezas), isto é, se apresentam como heróis surreais.

Os nomes de tais astros são, logicamente, em inglês, e muitos dos pais que deles se apropriam querem que a pronúncia em português seja igual à pronúncia inglesa, o que é, logicamente, inviável (*risos*)... Muitos até brigam e ficam chateados, dizendo que os outros estão pronunciando o nome de seus filhos de maneira errada, quando estes não são pronunciados à inteira semelhança do astro hollywoodiano em questão.

Essa é uma despretensiosa e simples descrição, a qual, em meu ponto de vista, acaba evidenciando realidades mais profundas e complexas, como, por exemplo, a espécie de "neocolonialismo cultural" que ainda vivemos como povo: em vez de nos recordarmos dos heróis de nossa fé, literatura, esporte, de nossa história como povo, e os homenagearmos em nossos filhos, acabamos nos tornando uma espécie de colônia cultural que, muitas vezes, valoriza demasiadamente o que é de fora e deixa-se dominar por quaisquer valores, os quais nem sempre são positivos e acordes com nosso amadurecimento e felicidade.

Tal descrição é simples e circunstancial, todavia, revela algumas realidades ocultadas no inconsciente coletivo de nossa nação. Nosso povo é rico de fé e de humanidade, somos uma nação que enfrenta as adversidades com humana sensibilidade e muita alegria. Não somos durões nem fechados, isso não faz parte de nossa característica e cultura. Nossa emoção e "latinidade" são algumas de nossas principais características como povo,[57] as quais são muitas vezes desprezadas e, por muitos, não valorizadas.

Confesso que, se eu tivesse um filho, faria questão de nomeá-lo Antônio Vieira (homenageando o grande padre pregador que aqui viveu no séc. XVI), José de Anchieta

---

57 Isso apesar das diferenças existentes em nosso território, que possui dimensões continentais.

(homenageando o grande santo que ajudou a fundar a cidade de São Paulo), ou, ainda, João Guimarães (homenageando o grande escritor João Guimarães Rosa) etc. E, se tivesse uma filha, faria questão de nela colocar o nome de Cecília (homenageando a escritora Cecília Meireles), ou Cora (homenageando a escritora Cora Coralina), ou ainda Dulce (homenageando a Irmã Dulce dos pobres) etc.

De tal forma, sem ser avesso à "globalização", homenagearia e ressaltaria as figuras que compõem a nossa história (até os que não nasceram aqui), manifestando, assim, a grande alegria de ser quem sou e de viver onde vivo. Isso não é bairrismo, é reconciliação com a própria história e identidade.

Enfim, essa é apenas uma confidente e pessoal partilha... que não deseja afrontar ninguém.

Fechemos este parênteses e retornemos às anteriores reflexões.

Faz-se extremamente necessário saber conviver com as próprias frustrações, buscando em tudo equilibrar nossa vida e afetos. Afinal, existem dores que nos acompanharão pelo resto de nossa história, e com elas precisaremos descobrir a melhor forma de nos relacionar. Como dizia Aristóteles: "Se as coisas não acontecem como desejamos, deveríamos desejá-las do modo que elas aconteceram."

Quantas pessoas, por exemplo, precisarão aprender a conviver com a frustração de ter perdido alguém que não mais poderá voltar; outras precisarão aprender a dialogar com a frustração de não terem conseguido realizar algum grande sonho, como o de se casar, por exemplo. Enfim, são muitas as formas de frustração que visitam cotidianamente inúmeros corações, as quais sempre exigirão respostas inteligentes e maduras que viabilizarão a transformação de nossas derrotas em sucesso.

Aqui me recordo da história de uma mulher que certa vez conheci. Ela tinha cinquenta anos e, apesar de muito ter tentado, não havia conseguido se casar. Era uma mulher bonita, inteligente, agradável, profundamente religiosa. Possuía uma ótima formação acadêmica, emprego e posição social muito bons, mas, afinal, ela não havia realizado o sonho de se casar. Viveu alguns namoros, contudo nenhum deles obteve êxito e continuidade.

Tal mulher trazia em si um enorme desejo de contrair o matrimônio, de construir uma família, de ser mãe. Desde sua infância, sempre nutriu tais sonhos e aspirações. Todavia, quando a conheci, seu coração já estava em busca da melhor forma de equacionar em si a frustração deste sonho irrealizado. Certo dia, ela me confidenciou: "Padre, tenho a consciência de que, na idade em que estou, será muito difícil me casar e será impossível eu ser mãe, visto que já começo a ser visitada pela menopausa."

Concordei sem, é claro, destruir totalmente suas esperanças. Entretanto, procurei também não alimentar qualquer ilusão acerca de sua condição, ainda mais porque percebo que vivemos um verdadeiro "problema demográfico", que se expressa pelo fato de os homens morrerem em um número maior que as mulheres[58] e, consequentemente, por existirem muito mais mulheres que homens solteiros.

Foi extremamente desafiante aconselhar e ajudá-la a administrar essa frustração. Confesso que não é fácil contemplar um coração que depara com a finitude anunciada de seus sonhos. Algumas vezes ela me confidenciou: "Padre, sinto que não fui feita para estar sozinha e meu coração anseia por um companheiro. Estou muito triste e não encontro um sentido para minha vida".

Após algumas de nossas conversas, no lúdico silêncio de minha consciência, cheguei a, discretamente, chorar. Sim, chorei por respeito à sua condição e por compaixão à dor que no coração ela trazia. Chorei por perceber-me incapacitado para retirar de seu coração essa dor.

Todavia, o que me surpreendeu ao longo desse processo de acompanhamento foi a forma madura que tal mulher encontrou para dialogar com os apelos de suas frustrações. Ela, justamente por sua natural inclinação à maternidade, possuía um grande potencial para amar e cuidar, e aprendeu a bem dialogar com suas frustrações, colocando todo este instrumental de amor/cuidado para fora, a serviço dos demais.

---

58 Isso estatisticamente: através de acidentes, assassinatos, em virtude das drogas, doenças cardíacas etc.

Sua resposta não foi mágica nem paliativa diante de sua dor. Ela tinha consciência do vazio ocasionado pela frustração de não ter realizado o seu "estado de vida" (o casamento), e compreendia que nada poderia maquiar ou substituir essa realidade. Contudo, ela percebeu que, mesmo diante de seus sonhos não realizados, sua vida precisava continuar. Seu coração foi, aos poucos, atentando para o fato de que existia em si muito amor a ser ofertado e muito cuidado a ser concretizado, e havia inúmeras pessoas ao seu redor que eram necessitadas de tais realidades.

De forma lenta e gradativa, ela foi concretizando o seu potencial de amor/cuidado para com seus pais, amigos, familiares; foi, também aos poucos, se tornando uma verdadeira referência para eles: alguém agradável, que em tudo fazia o bem e com o qual todos gostavam de conviver e estar.

Ela se tornou alguém feliz e amável, pois transformou sua vida em um dom para todos, iluminando com seu afeto muitos corações antes tristes e desesperançados.

Nossa protagonista foi percebendo que, apesar de todo o amor ofertado aos seus, ainda existia em seu coração muito amor, que também precisava ser ofertado a outras pessoas. Após um sério tempo de reflexão, ela me procurou para confidenciar que havia decidido doar alguns anos de sua vida, através de um trabalho voluntário específico (visto que era uma qualificada profissional da saúde), em um pobre país da América Central.

Enfim, sua maior frustração se transformou em uma grande fonte de vida. Ela transformou sua frustração em um grande dom de amor para muitos!

Confesso que testemunhei a ressurreição desta mulher, que foi sendo restaurada a partir do momento em que encontrou um sentido para sua vida — sentido este que ela mesma posteriormente testemunhou: "Encontrei o sentido da minha vida amando e fazendo o bem. Percebo que nasci para isso! Minhas frustrações e sonhos irrealizados não me impedirão de ser feliz e de me realizar como pessoa... O sentido de minha vida é amar. Estou muito feliz, padre!"

Fiquei profundamente admirado ao perceber a forma madura como seu coração conseguiu, não sem dor, é claro, dialogar com as próprias frustrações, sem permitir que elas o estacionassem e o retirassem da existência.

Como já foi afirmado, não há paliativos que possam substituir a incompletude gerada por uma grande frustração, como, por exemplo, a de não concretizar a própria vocação. Não podemos procurar respostas mágicas e imediatas para problemas difíceis. Todavia, existem maneiras inteligentes e maduras de encontrar um sentido para a vida e para as dores nela contidas, isso mesmo diante dos sofrimentos que se equacionam em nossa história.

Mesmo que colecionemos em nós multiformes frustrações, não podemos nelas estacionar, deixando de lutar pela vida. A frustração dói, mas, mesmo diante de sua aguda dor, precisaremos prosseguir, encontrando sábias formas de — com perseverança e paciência — transformar nossas fragilidades em superação.

Percebo que o que mais impede os corações contemporâneos de encontrarem um sentido para a vida, mesmo diante de suas dores e frustrações, é a infeliz tendência imediatista que visa encontrar soluções instantâneas e mágicas para tudo. Definitivamente, não existem respostas fáceis e prontas para problemas complexos: as respostas mais profundas são aquelas que nós mesmos vamos construindo através do tempo, e com muita luta, reflexão e, sobretudo, oração.

Essa tendência imediatista e superficial acontece também e, principalmente, na concepção religiosa de muitas pessoas, na qual a religião acaba sendo vista apenas como uma resposta às necessidades imediatas: a necessidade de consumo acaba sendo confundida com a necessidade de Deus e do sagrado, e Ele, infelizmente, acaba sendo percebido por muitos como apenas um "produto" para acalmar e dar respostas instantâneas...

Enfim...

Creio que, assim como eu, ao longo destas páginas você refletiu sobre as frustrações e dores que habitam seus afetos e sua história. Com alguma certeza, intuo que você também tenha identificado algumas feridas e marcas em seu coração, que se manifestam como frutos concretos de sonhos não realizados. Entretanto, quero aqui dividir uma compreensão que foi gradativamente povoando minha percepção, a partir dos constantes diálogos que precisei travar com as feridas e os dissabores que em mim se ocultavam: *de cada dor pode sempre nascer uma beleza, e nossos maiores dons sempre nascem de nossas maiores feridas...*

Sim. Minhas feridas me ensinaram isso, e, a partir do momento em que com elas me reconciliei, delas nasceram meus maiores dons. Assim pude colher maravilhosos frutos deste desafiante "diálogo" que, com minhas frustrações, precisei realizar.

Não tive medo. Fui aos poucos permitindo que minhas derrotas me ensinassem e me tornassem alguém melhor: mais humilde e humano e, justamente por isso, alguém mais apto a conquistar vitórias ímpares e sustentáveis.

O encontro com a finitude de nossos sonhos e metas nos confere clareza e humildade, fazendo-nos compreender que somos frágeis e que precisaremos sempre saber recomeçar. Assim, preparamos o terreno para a aquisição de profundas e fecundas conquistas em nossa vida.

Não estacione em suas feridas e frustrações, não permita que sua vida se encerre em virtude dos sonhos que nela não se concretizaram. Continue, lute, prossiga... Tenha disposição e coragem para dialogar com suas frustrações, com um olhar repleto de esperança, e permita que em tudo elas possam lhe acrescentar e ensinar.

Assim seremos capazes de transformar toda dor em amor, transmutando todo processo de morte em ressurreição e vida nova. A vida não pode acabar em virtude das dores e irrealizações por nós colecionadas; é preciso sempre reagir, alimentando a esperança e caminhando decididamente em direção à vitória.

Prossigamos! A conquista sempre reside na continuidade, pois nas esquinas da perseverança o sucesso nos aguarda ansioso: aí ele deseja manifestar a nós os belos traços de seu rosto e o profundo encanto de suas inspirações!

## A superação do sentimento de inferioridade

*"O início da infelicidade humana está na comparação."*[59]

(Soren A. Kierkegaard)

Com alguma certeza, podemos afirmar que todo ser humano já experienciou algum sentimento de inferioridade, seja em sua infância ou na fase adulta. Sentimentos estes oriundos de frustrações, incompreensões, rejeições, traumas, dificuldades relacionais... enfim, de origens vastas e complexas presentes nos enredos de nossa história.

As primeiras pesquisas que, de fato, desenvolveram uma expressão mais científica acerca do que seja o sentimento (e o

---

59 *Apud* ALVES, Rubem. Op. cit.

complexo) de inferioridade foram realizadas pelo psicólogo austríaco Alfred Adler.[60] Em sua concepção, existem duas espécies de sentimentos de inferioridade: os primários e os secundários.

O sentimento de inferioridade primário é aquele que está enraizado em uma experiência de fraqueza, desamparo ou dependência vivenciada por uma criança, intensificada por comparações com outros irmãos, amigos, vizinhos, adultos etc. Trata-se do sentimento de inferioridade iniciado por feridas e experiências provenientes da infância, sendo que este é um estágio de profunda sensibilidade afetiva e emocional.

Já o sentimento de inferioridade secundário relaciona-se com as experiências vividas na fase adulta. Um adulto que, por exemplo, não conseguiu atingir objetivos estabelecidos em sua vida, ainda que fossem objetivos inconscientes, ou que não foi escolhido em uma promoção profissional, ou que não conseguiu um bom desempenho diante dos demais, ou, ainda, que foi "trocado" por outra pessoa em um relacionamento é o concreto estereótipo desse tipo de sentimento.

Sentir-se inferior e desajustado em algumas ocasiões é natural. Contudo, essa situação se torna um problema quando as feridas de inferioridade começam a interferir diretamente na vida e nas escolhas da pessoa em questão, gerando sistemas de compensação e algumas (inconscientes) neuroses: o coração acaba profundamente prejudicado

---

60 Fundador da psicologia do desenvolvimento individual.

na maneira de se compreender e enxergar, também negativando a forma de enxergar as pessoas e de com elas se relacionar.

Uma pessoa refém do complexo de inferioridade terá dificuldade na vivência de seus relacionamentos, não conseguindo, muitas vezes, neles se aprofundar em virtude de se sentir incapaz e sem atrativos. Tal pessoa acabará se tornando o exemplo típico daqueles que desistem por medo de tentar, pois se verá incapaz de arriscar e vencer suas fraquezas, não encontrando, assim, forças para bem viver suas interações.

O pior é que muitas dessas pessoas são seres humanos fantásticos e repletos de dons, os quais, por sua vez, acabam perenemente soterrados debaixo do sentimento de inferioridade.

Uma pessoa que se sente inferior terá a tendência de sempre procurar defeitos nos outros, já que isso se manifestará como um mecanismo psicológico encontrado por seu coração para justificar sua inferioridade, assim se sentindo melhor ("menos inferior") diante dos demais.

Tal coração encontrará dificuldade de se sentir amado, pois constantemente se perceberá como indigno do amor de qualquer pessoa, além de acreditar que todos ao seu redor estão desaprovando-o em tudo por causa de suas fraquezas e limites.

Alguém que se permite escravizar pela inferioridade se perceberá impossibilitado de conquistar uma real felicidade, visto que suas complexas feridas constantemente o "sabotarão",[61] fazendo com que seu coração não acolha os requisitos necessários a uma verdadeira realização humana.

Ao se permitir dominar por tal sentimento, a pessoa se torna uma grande candidata à escravidão das comparações, tendo uma perene "necessidade" de em tudo se medir e comparar aos demais. Quem se compara se autodesclassifica, pois na maioria das vezes as comparações são injustas e desleais, já que cada um é único e não pode ser medido na forma e medida dos outros: cada um possui uma história, temperamento, personalidade — enfim, um jeito singular de agir e reagir diante da vida, e será sempre injusta e imprecisa a atitude de nivelar e generalizar o compasso de cada coração.

Uma pesquisa que uma importante revista brasileira apresentou revela, de forma precisamente pragmática, a terrível dinâmica inerente ao cáustico processo de comparação. Leia com cuidado e atenção:

> O processo de comparação com as outras pessoas mina a felicidade. A dificuldade é que até uma experiência boa pode perder valor, dependendo do contexto, em virtude de um processo de comparação. Estudos mostram que uma pessoa que ganha um aumento de R$ 500,00 para R$ 1.000,00 pode se sentir extremamente infeliz se descobrir

---

61 Às vezes em um inconsciente complexo (síndrome) de autossabotagem. Abordaremos tal realidade no capítulo "Curar as marcas geradas pela culpa".

> que seus companheiros foram aumentados para R$ 1.500,00. Segundo o economista inglês Richard Layard, da *London School of Economics*, mesmo diante do fato de seu salário ter dobrado, a pessoa em questão sentirá uma aguda infelicidade (tristeza) ocasionada pelo processo de comparar-se com os demais colegas. Enfim, o processo de comparação com os outros mina a felicidade humana [...].[62]

Alguém que vive um complexo de inferioridade e que, por isso, se torna refém da comparação, se matriculará na escola da instabilidade emocional e poderá, além de não valorizar as coisas positivas que lhe acontecem, desenvolver atitudes más e autoritárias. Isso porque acabará impulsionado pelo desejo de ofuscar e diminuir os outros, tornando-os inferiores, para assim não mais sentir o enorme peso da inferioridade que habita e perturba seu coração.

Como bem expressou o pai do existencialismo moderno, Kierkegaard, na frase que inaugurou este tópico, o início da infelicidade reside na comparação, visto que essa espécie de comparação, impulsionada pela inferioridade, será sempre destrutiva para si e para os outros, pois seu nascimento acontece já embriagado pela inveja.

Refletindo sobre o processo do comparar-se como uma concreta consequência da inferioridade, recordei-me

---

62 COHEN, David; VEIGA, Aida. "A Nova Ciência da Felicidade".

da história contada por Rubem Alves a respeito da raiz da solidão, que revela a específica dinâmica fabricada por essa suposta "síndrome" da comparação, a qual sempre dá asas à fantasia e nos faz assumir inverdades em nossa autoavaliação:

> A infelicidade que brota da solidão não deriva, em parte, de nossas comparações? Você compara a cena de você, só, na casa vazia, com a cena (fantasiada...) dos outros, em celebrações cheias de risos... Tal comparação é destrutiva porque nasce da inveja. Sofra a dor real da solidão porque a solidão dói. Dói uma dor da qual pode nascer uma espécie de beleza. Mas não sofra a dor da comparação. Ela não é verdadeira.[63]

Para vencer a inferioridade sustentada pelo infeliz hábito de se comparar é preciso tomar posse desta verdade: sou um ser humano único, irrepetível e autônomo, sou uma verdadeira "obra-prima"![64] O meu valor está em ser aquilo que sou, pois sou uma boa notícia para este mundo. Não devo me comparar a ninguém, pois eu tenho uma história, temperamento, uma compreensão da vida, singulares. Ninguém nunca poderá viver e acontecer como eu.

Há uma contribuição que só eu posso oferecer a este mundo e isso na totalidade daquilo que sou, independentemente

63 Alves, Rubem. Op. cit.
64 Cf. Salmo 138,13-14.

das experiências e feridas que configuram minha vida. Sou único, tenho um jeito e uma história únicos e, exatamente por isso, não posso comparar-me a ninguém.

Será sempre injusto de nossa parte compararmo-nos aos demais, exigindo de nós os resultados que contemplamos nos outros. Isso será sempre uma injustiça e violência para conosco, a qual nos fará desrespeitar nosso processo de crescimento (maturação), que possui um ritmo e compasso específicos. Cada coração tem um tempo e uma métrica própria para se desenvolver, e somente a partir de sua história, condição e particularidades poderá ser compreendido e avaliado.

Cada ser possui em si específicos dons e debilidades: o que é fácil para mim pode ser difícil para o outro e o que é difícil para mim pode ser fácil para um outro coração. Enfim, a comparação será sempre uma das maneiras mais eficazes para conquistarmos a infelicidade.

Em nosso temperamento e personalidade existem deformidades? Claro! O contrário não seria humano. Contudo, existem também inúmeras virtudes e realidades positivas, as quais precisaremos constantemente ressaltar e potencializar.

Para superar a inferioridade, será necessário não ceder a esse processo de comparação, buscando em tudo evidenciar/potencializar o que existe de bom em nós, e isso sem se permitir aprisionar por aquilo que não é tão bom. Não podemos negar nossas fragilidades, mas poderemos sempre trabalhá-las potencializando o bem que em nós reside, compreendendo que somos únicos e especiais mesmo diante de nossas muitas fraquezas. Assim nos tornaremos capazes de, a partir de nossas reais possibilidades, superar fraquezas e transcender limites.

Existe uma contribuição que só eu e você poderemos oferecer às pessoas do nosso tempo, visto que somos singulares e habitados por inúmeros dons. Nossa vida é muito preciosa: ela é, essencial e verdadeiramente, um belíssimo dom! Dom que, contudo, necessita ser partilhado, ofertado no altar da história... a fim de gerar vida e esperança aos contemporâneos corações, inaugurando focos de luz em um mundo tão marcado por processos de escuridão.

## DECIFRANDO

*Nas calçadas, esquinas e praças,*
*muitas vezes vi ausentar-se do peito*
*a compreensão do real valor que me compõe.*
*Em momentos contemplei-me só, opaco, pequeno,*
*saboreando a companhia da solidão.*
*Há dores que doem uma eternidade... mas,*
*em algum momento,*
*a eternidade precisa entrar no tempo.*
*Encarnação!*
*Em outros olhares busquei-me.*
*Procurei salvar-me de mim mesmo,*
*inutilmente...*

*Andei por campos e paragens procurando-me,*
*ansioso por perceber onde se ocultava meu*
*coração.*
*Enfim, foi em vão...*
*Após retirar os destroços percebi:*
*ele não estava longe,*
*não descansava em outro olhar,*
*visto que possui concretas peculiaridades.*
*Após tardes e procuras encontrei-o aqui,*
*na unicidade do que me compõe.*
*Descobri-o...*
*louco para romper o cárcere da alma,*
*e, com isso, poder acontecer.*
*Afinal, a senha se ocultava no interno,*
*apenas eu poderia decifrá-la,*
*tornando-me unicamente o que sou...*
*Assim fiz as pazes com o ato de ser feliz,*
*e, enfim,*
*assumi a beleza da verdade*
*que porta o dom de*
*sempre libertar.*

(Pe. Adriano Zandoná)

# Transformar os efeitos da tristeza — transformando derrotas em sucesso

*"A fé não é a luz que dissipa todas as nossas trevas, mas a lâmpada que guia os nossos passos na noite, e isso basta para o caminho. Ao ser humano que sofre, Deus não dá um raciocínio que explique tudo, mas oferece a sua resposta sob a forma duma presença que o acompanha, duma história de bem que se une a cada história de sofrimento para nela abrir uma brecha de luz..."*

(*Lumen Fidei*, 57)

Todos nós, independentemente de cor, raça, formação religiosa ou condição social, em algum momento de nossa história teremos que deparar com situações que comportam dor e sofrimento. Todos sofremos a dor de envelhecer, de experienciar enfermidades (em nós ou em pessoas que amamos), de combater vícios, de não sermos capazes de vencer em tudo, enfim, todos precisamos aprender a nos relacionar com a finitude e com determinados momentos visitados pela tristeza.

O sofrer é realidade presente na história humana e ninguém, por mais que deseje, poderá impedi-lo de nos visitar em determinadas circunstâncias da vida. Sobre tais concepções já discorri, de maneira mais aprofundada, em meu primeiro livro, *Construindo a Felicidade*.

Enfrentar tais processos que comportam a tristeza é realidade comum e fundamentalmente humana; contudo, para conseguirmos alterar os efeitos de nossa tristeza, transformando nossas derrotas em sucesso, precisaremos realizar o esforço de descobrir a beleza e a força que se escondem na dor.

Deparando com tais reflexões, recordei-me de um belo artigo no qual se reflete sobre o sofrimento a partir da missão das velas. Tal texto expressa essa compreensão em estado de metáfora:

> Valho-me de minhas velas para exorcizar a loucura. Por um ano inteiro eu as deixei esquecidas no escuro de um armário. Um sopro meu as fizera adormecer [...]. Mas sei que o toque do fogo as fará viver de novo. Aguardam a ressurreição!
>
> [...] Preciso delas, minhas velas. Suas chamas fiéis me tranquilizam. [...] Tão diferentes das lâmpadas! Seria possível, por acaso, amar uma lâmpada? Que emoções mansas podem nascer de sua luz forte e indiferente? Quem as chamaria de minha lâmpada? Todas as lâmpadas são iguais. Ao morrerem queimadas, nenhuma tristeza provocam. Só o incômodo de terem de ser trocadas por outras.

As velas são diferentes, choram enquanto iluminam. Suas lágrimas nascidas do fogo transbordam e escorrem pelo seu corpo. Choram por saber que, para brilhar, é preciso morrer. Não é possível contemplar uma vela em seu trabalho de luz sem sentir um pouco de tristeza. Sua chama modesta, modulada por indecisões e tremores, faz-me voltar sobre mim mesmo. Também sou assim. Minha chama vacila ao ser tocada pelo vento. Por isso posso chamá-la de minha vela. Somos feitos de uma mesma substância. Temos um destino comum.[65]

De fato, como expressou o poeta, para brilhar e verdadeiramente produzir luz será necessário bem experienciarmos os processos de morte fabricados por nossas tristezas, enfrentando de cabeça erguida nossas dores e, consequentemente, nos tornando capazes de descobrir o aprendizado que se oculta em cada sofrimento. Assim seremos capazes de transformar cada dor em poesia e cada derrota em superação.

Será sempre possível transformar os efeitos de nossa tristeza, construindo sucessos a partir de nossas desventuras e derrotas. Tudo dependerá da maneira como lidamos com a dor e da escolha que faremos diante do mistério do sofrer: poderemos transformar nossas dores em luz, chorando e brilhando como as velas (aprendendo a amadurecer e a produzir esperança a partir da dor), ou poderemos nos tornar pessoas

---

65 ALVES, Rubem. Op. cit.

egoístas e revoltadas, que reagem infantilmente ao sofrimento, acreditando que as dores do mundo doem apenas em nosso coração (um egocentrismo infantil).

Recordo-me da bela história de um grande homem que, certa vez, tive a oportunidade de conhecer. Uma pessoa boa, honesta e feliz. Extremamente coerente com suas crenças. Alguém que ajudava, espiritual e materialmente, muitas pessoas. Um homem com uma excelente formação acadêmica, muito capaz e inteligente, que exercia uma alta função executiva em uma empresa multinacional no litoral paulista. Era alguém humanamente realizado.

O que mais me impressionou neste homem, que se tornou posteriormente meu amigo, foi a sua constante alegria e energia para viver, além de sua vibrante disposição em ajudar as pessoas. Por seu comportamento e alegria, ele me parecia ser alguém que tivera uma história muito comum, tranquila e repleta de amor, visto que muito facilmente amava e acolhia a todos. Em determinada circunstância, quando estive em sua cidade por ocasião de um evento, tive a oportunidade de visitá-lo e pudemos conversar por horas.

Ao longo de nossa conversa, ele me confidenciou alguns episódios importantes de sua história, os quais eu desconhecia; relatos estes que mudariam para sempre meu olhar e minha percepção acerca do sofrimento humano. Contou-me ele que, quando tinha aproximadamente um ano e oito meses de vida, seu pai assassinou a sua mãe a facadas em sua frente e, após isso, fugiu. Diante de tal realidade, ele se tornou órfão muito cedo.

Após esse fato, ele e seu irmão (que era ainda mais novo) foram levados para o Nordeste do Brasil, onde passaram a ser criados pela avó e por uma tia. Sua vida não seria fácil após tais episódios, sendo que, sozinho na vida e portando no coração uma grande dor pelos fatos ocorridos, enfrentaria muitas dificuldades e sofrimentos.

Esse homem enfrentou situações de fome e de extrema pobreza, tendo que trabalhar desde muito cedo. Seus familiares procuraram criá-los, mesmo diante da constante ausência de recursos, com dignidade e valores. Todavia, diante da pobreza e dificuldades vividas pela família, inúmeras vezes ele e o irmão precisaram se mudar para a casa de outros familiares, sentindo-se "jogados" de casa em casa.

"A vida não foi fácil", confidenciou-me esse amigo. Alguns anos depois, ele e o irmão precisaram voltar para o litoral paulista, onde tiveram que novamente morar com o pai, alguém que possuía inúmeros vícios (drogas, bebidas etc.) e que era extremamente violento.

Seu pai casou-se novamente e eles receberam uma madrasta que, felizmente, foi alguém especial que procurou cuidar deles com carinho. Contudo, os problemas não acabariam por aí, visto que em muitíssimas circunstâncias — em virtude das drogas e vícios — seu pai tentaria matar sua nova mulher, e em quase todas elas meu amigo precisou defendê-la, quase que com a própria vida, impedindo que seu pai a assassinasse. Foi, infelizmente, nesse clima de ódio e violência que ele e seu irmão foram criados.

Ele precisou trabalhar muito, desde criança, em serviços pesados e difíceis. Com muito esforço e por própria iniciativa, ele quis estudar, levando sempre muito a sério os estudos e as exigências que eles comportavam. Após concluir o ensino fundamental e médio, decidiu, também com muita luta e disposição, cursar o ensino superior.

Após alguns anos de tentativas e de muito estudo (fazendo cursinho pré-vestibular etc.), conseguiu o ingresso na universidade, formando-se, realizando pós-graduação e, por fim, conseguindo um ótimo emprego. Enfim, esse homem superou sua trágica história e suas muitas tristezas, não permitindo que elas determinassem o rumo de sua vida. Ele se tornou um verdadeiro vencedor diante dos sórdidos enredos de sua vida.

Esse meu amigo tinha tudo para ser um fracassado, até mesmo uma pessoa revoltada e violenta. Ele bem podia ter utilizado sua história como uma "muleta emocional", através da qual poderia apoiar ou justificar seus insucessos, mas seu coração decidiu lutar e mudar o rumo de sua existência.

Esse grande ser humano me contou que o que mais o ajudou em seu processo de superação de suas feridas foi a sua linda experiência pessoal com Deus, que ocorreu por ocasião de um retiro espiritual vivenciado no final de sua adolescência. Este foi o concreto "divisor de águas" em sua vida, o qual lhe conferiu forças para reconstruir sua história.

Quando se sentiu profundamente amado e acolhido,[66] expressou-me ele, suas inúmeras mágoas e revoltas caíram por terra e ele percebeu emergir de seu interior um novo homem, o qual já estava ali, mas permanecia submerso pelo ódio e inúmeras decepções.

O amor lhe fez compreender o seu altíssimo valor, dando-lhe forças para transformar suas derrotas em sucesso e lhe possibilitando perdoar aqueles que na vida o haviam magoado. É claro que este não foi um processo fácil nem mágico. Sua restauração foi, obviamente, processual e desafiadora: uma verdadeira travessia. Quanto mais ele experienciava o Amor, mais ia ressuscitando e fazendo brilhar a luz que em seu peito se ocultava.

Ele precisou realizar o desafiador ofício do perdão, sem o qual não pode haver uma verdadeira restauração emocional e cura dos afetos. Ele escolheu não reproduzir em sua vida o que sempre presenciou na própria história: violência, ódio e ressentimentos. Decidiu a tudo isso responder com a força do amor, o qual se tornou um verdadeiro antídoto contra todo o ódio que perpassava sua trágica biografia.

Seu coração fez a experiência da vela, conseguindo extrair vida e luz das inúmeras lágrimas que sua triste trajetória lhe impusera. Hoje ele é alguém feliz e realizado, que faz o bem a muitas pessoas, inclusive ao próprio pai. Isso só foi possível porque seu coração escolheu viver a desafiante "tra-

---

66 Especialmente por Deus.

vessia" emocional, deixando-se curar e transformar em seus afetos e emoções por meio de um amor incondicional.[67]

Seu irmão, ao viver experiências concretas de amor, também viveu uma linda restauração afetiva, o que a ele também possibilitou superar as muitas tristezas e dores de sua história. Ele hoje vive muito bem: é casado, pai de três lindos filhos e é um bem-sucedido profissional autônomo.

É obvio que ainda existem feridas a serem curadas e realidades a serem ressignificadas em seus corações;[68] todavia, eles não são mais escravos das dores e tristezas de suas histórias e já conseguem viver de maneira livre e feliz, mesmo diante dos terríveis episódios encenados no território de suas vidas.

Após conhecer tais enredos que compuseram a história desse meu amigo e de seu irmão, encontrei-me a seriamente refletir: quantas vezes reclamamos e nos percebemos infelizes em virtude de insucessos e de derrotas momentâneas que visitam nossa história? No entanto, muitos dos nossos sofrimentos não se equiparam, nem de longe, às tristezas e perdas experienciadas por outros corações (como desse amigo). Concluí: precisamos (eu preciso...) reclamar menos e amar mais! Precisamos (eu preciso) nos entristecer menos e lutar mais diante da vida!

Quantas vezes não vivemos revoltados, constantemente reclamando em virtude dos problemas e irrealizações que

---

67 O amor divino.
68 Recordo que a cura e a restauração são processos e não uma "magia instantânea".

trazemos no peito? Um dos piores defeitos que alguém pode ter é a ingratidão, a atitude de hipervalorizar problemas, enfatizando o mal e nunca reconhecendo o que de bom existe em cada realidade.

Quantas pessoas hoje em dia vivem como "urubus", fixando-se apenas na "carniça" e no negativo presente em cada pessoa e situação. Definitivamente, alguém assim não conseguirá transformar suas derrotas em sucesso e, consequentemente, não conseguirá ser realmente feliz.

Para encontrar a felicidade, o coração precisará empreender uma mudança de atitude e mentalidade, desprendendo-se do que é negativo e aprendendo a ser grato pelo que da vida recebeu. Há tantos homens e mulheres infantis e mimados, que tratam os próprios pais e familiares com desdém, não os valorizando e nunca lhes agradecendo por nada.

Quantos filhos ingratos e "rebeldes sem causa" já não tive a oportunidade de conhecer, os quais nunca agradeceram a seus pais pela comida que comem, pelas roupas lavadas e passadas, pela cama arrumada, pelo carinho das pequenas coisas. Uma pessoa assim não conseguirá transformar os efeitos de sua tristeza, sendo sempre refém de suas derrotas e infelicidades, e perenemente sentindo dó de si mesmo.

Para verdadeiramente transformar as derrotas em sucesso, o coração precisará amadurecer, aprendendo a ser grato e a valorizar as coisas boas presentes na vida, para assim ser capaz de lutar pela própria felicidade.

Talvez, em nossa história, colecionemos sofrimentos e tristezas. Talvez tenhamos enredos biográficos tão difíceis como os desse meu amigo. Contudo, não nos esqueçamos de que a vida reserva sempre novas possibilidades para cada um de nós.

Não estacionemos em nossas tristezas, não nos tornemos vítimas das dores presentes em nossa história. Creiamos: tais realidades aconteceram para nos tornar pessoas mais fortes e especiais, visto que essas desventuras poderão sempre se tornar "focos de luz" que iluminarão muitíssimos outros corações.

Não estacionemos em nossas mágoas e feridas. Lutemos para superá-las, construindo novas e felizes interações. Recorramos à força da fé, lembrando que "ela não é a luz que dissipa todas as nossas trevas, mas a lâmpada que guia os nossos passos na noite, e isso bastará para o caminho..." (*Lumen Fidei*, 57). Ou seja, ela nos iluminará rumo à conquista da verdadeira vitória.

Lutemos, perseveremos e não nos tornemos escravos de nossas feridas. Nutramos no peito a devida coragem para sempre "atravessar", vencendo as tristezas e transformando as derrotas em sucesso.

Não tenhamos medo de recomeçar!

## RECOMEÇAR

*Tão perfeito, tão fiel, Ele busca pelos Seus.*
*Em cada respirar, em cada olhar, Deus está*
*a te esperar.*

*Ter coragem de parar pra pensar onde chegou,*
*imaginar que pode ir além,*
*ser o que Deus sonhou.*
*Perdoar-se é o passo inicial para uma vida*
*de valor.*
*Se redimir, doar e acreditar que Deus nunca*
*te abandonou.*

*Recomeçar é estar ferido e suportar,*
*é estar cansado e continuar,*
*em busca do amor*
*sem culpa e sem dor.*
*Recomeçar é ir em frente, sem medo de errar.*
*Deixe os receios pregados na cruz,*
*faça tua história com Jesus.*

(Anjos de Resgate)

# Curar as marcas geradas pela culpa

*"Vinde a mim, todos vós que estais cansados e carregados de fardos, e eu vos darei descanso. Tomai sobre vós o meu jugo e sede discípulos meus, porque sou manso e humilde de coração, e encontrareis descanso para vós. Pois o meu jugo é suave e o meu peso é leve."*

(Mateus 11,28-30)

Quantos não são os corações que, atualmente, se encontram emocionalmente sobrecarregados? Na dinâmica de nossos dias, quantas pessoas não se percebem esmagadas por afetos machucados? Essa é uma das realidades que, como sacerdote, mais escuto em minha jornada cotidiana: "Padre, estou muito cansado(a) e sobrecarregado(a), já não consigo suportar o peso e a pressão que estão sobre mim..."

Infelizmente, muitos dos olhares contemporâneos se encontram esmagados por pesados fardos: pessoas amarguradas, decepcionadas, agitadas, estressadas, sem desejo e sem gosto pela vida. Muitos dos fardos citados têm levado alguns dos seres humanos de hoje ao desespero e, quando não, a uma intensa letargia diante da existência.

Dentre as pesadas cargas afetivo/emocionais que esmagam os corações contemporâneos, o sentimento de culpa figura como realidade constantemente presente e que tem desajustado a saúde emocional de muitíssimas pessoas. A culpa faz o ser humano se sentir indigno e mau, obrigando-o a carregar um forte sentimento de remorso e de autocensura. Tal sentimento, muitas vezes, é o resultado de muita raiva acumulada e não expressada de forma saudável, a qual, em um determinado momento, acaba se voltando contra o próprio coração. Tal realidade corrói a alma, lançando um grande peso sobre os ombros, pois impede a pessoa de descobrir e saborear suas virtudes e belezas.

Esse sentimento possui inúmeras variáveis, que são multiformes e difíceis de esgotar. Geralmente, quem é por ele afligido equaciona algumas características comuns: preocupa-se excessivamente com a opinião dos outros; sente-se mal ao receber algum elogio ou presente, pois, na verdade, não se considera digno de aceitar o que os outros lhe dão; fala repetidamente sobre o que o motivou a sentir culpa; possui raiva reprimida; sente-se vítima em muitas situações; pune-se constantemente, ficando doente ou sendo vítima frequente de acidentes; não consegue falar "não"; tem necessidade de agradar a todos; possui uma baixa autoestima e uma acentuada de ausência de amor-próprio etc.

Muitas e prejudiciais são as consequências geradas pela culpa, as quais podem verdadeiramente trancafiar o coração, encerrando-o na angústia, depressão e até em uma completa ausência de realização.

Ainda por esses dias,[69] enquanto eu estava a escrever alguns dos capítulos deste livro, recebi a ligação de um pai de família que, alucinado diante dos pesados fardos emocionais que o sobrecarregavam, confidenciou-me desesperado: "Não aguento mais! Não consigo mais suportar os fardos que estão sobre mim. Hoje eu irei me suicidar..."

Confesso que fiquei muito assustado com tal afirmação, pois percebi que ele estava falando sério e que realmente estava disposto a fazê-lo. Fui, aos poucos, conversando com ele e procurando acalmá-lo. Falei das coisas belas e positivas que em sua vida eu percebia (esposa, filhos, conquistas, reta vivência moral etc.) e fui buscando descobrir quais eram as raízes das dores que o fizeram chegar a tal extremo.

Eu não esperava receber essa ligação e, principalmente, não esperava tal reação por parte deste homem que havia algum tempo eu conhecia. Ele era um homem bom, aparentemente maduro e equilibrado, um exímio trabalhador e um bom pai de família. Contudo, percebo que tal ato desesperado foi o angustiado "pedido de socorro" daquele coração, que não mais sabia lidar com seus sofrimentos nem administrar as pressões emocionais que o tentavam sufocar.

---

69 Em meados de julho de 2013.

Após um tempo de silêncio e observação, o que me proporcionou refletir e compreender melhor a sua história, percebi que tal coração enfrentava, sim, concretas dores e desafiantes sofrimentos, principalmente em sua dimensão familiar. Todavia, concluí que o que mais o castigava era a sua interna inabilidade para gerir suas emoções e afetos, principalmente no que se referia ao forte sentimento de culpa presente em seu peito.

Esse homem foi alguém que errou muito na vida, principalmente em relação à sua família e casamento. Percebi que além de não saber lidar com as contínuas pressões de sua esposa, que se sentia — compreensivelmente — insegura em virtude de antigas traições, seu coração não conseguia bem gerir a culpa doentia que existia em si, a qual — inconscientemente — o "obrigava" a se punir e ferir com intensidade.

Ele hoje tem consciência de seus muitos erros passados, que ocasionaram terríveis consequências para sua vida e família, em especial para seu casamento e relacionamento com os filhos. Fui percebendo que, ainda que de forma inconsciente, seu coração desenvolveu uma espécie de "síndrome de autossabotagem"[70] que o fazia em tudo se autopunir e prejudicar. Ele se culpava pelos antigos (e muitos...) deslizes. Ele também se recriminava por não ser aquilo que gostaria, visto que algumas de suas metas profissionais não haviam sido — nem de longe — alcançadas.

---

70 Para maior aprofundamento, ler: MELLO, Raphaella de Campos. "Autossabotagem: o medo de ser feliz".

Em virtude dos antigos tempos de boemia, ele havia perdido importantes bens da família, e era frequentemente cobrado por isso. Mesmo não tendo uma situação financeira ruim, entre os irmãos ele era o menos bem-sucedido (e por isso se sentia muito culpado).

Ele se autocensurava muito em virtude de tudo isso, a ponto de se ausentar de seu peito a compreensão da altíssima dignidade nascida de sua condição de filho de Deus, criado por amor e contemplado com infinita misericórdia. Seu coração já não conseguia enxergar as próprias qualidades e belezas, mas somente os aspectos negativos, muitas vezes deturpados por sua imprecisa compreensão.

Diante de tais realidades, ele acabou desenvolvendo um altíssimo nível de exigência para consigo, ou seja, tornou-se extremamente perfeccionista, o que lhe causou algumas doenças psicossomáticas, como a gastrite, úlcera, um contínuo estresse e uma recorrente insônia. Em tudo ele buscava, ainda que de forma inconsciente, se maltratar e ferir. Aos poucos, estava se autodestruindo.

Nos últimos meses, já não conseguia dispensar os cuidados necessários à sua saúde e aparência: esta foi a inconsciente forma que ele encontrou para se punir e desaprovar, dizendo para si mesmo que não era digno de tal cuidado. Mesmo sem se dar conta, tal homem foi — gradativamente — retirando de sua vida as coisas boas que lhe davam prazer, se autocondenando a uma existência sem alegria e sabor, e em tudo exigindo de si uma perfeição própria a um deus.

Obviamente que a consequência de tal comportamento seria o extremo que pude contemplar: uma pressão e um sentimento de culpa tão intensos que o fizeram crer que a única solução seria eliminar definitivamente a sua própria existência.

É claro que isso não aconteceu da noite para o dia. Tal conclusão extrema e desesperada foi o resultado de um processo, no qual seu coração foi colecionando inúmeras emoções negativas e feridas que acabaram "explodindo" naquele dia. Por isso, não podemos desprezar os sentimentos e realidades nocivas presentes em nós, em especial as pequenas mágoas e culpas acumuladas, pois, como diz a sabedoria popular: "O diabo mora nos detalhes...", e será sempre às pequenas coisas (sentimentos, emoções, percepções) que precisaremos atentar e combater o mal, visto que são essas as realidades que, a partir da química do tempo, poderão fabricar os grandes cárceres emocionais que nos farão reféns.

Retomo aqui o que afirmei anteriormente: os maiores problemas deste ser humano ao qual me refiro estavam dentro dele, isto é, na maneira como lidava com os problemas subjetivamente, e não tanto fora, nos reais e objetivos problemas que a vida lhe apresentava.

Seu coração não conseguia administrar bem seu perfeccionismo, o qual, no fundo, era um obsessivo desejo de não ser rejeitado em virtude de suas imperfeições, além de não conseguir bem gerenciar o sentimento de culpa que, equacionado às pressões cotidianas, o fez desejar a própria morte. Foi um processo lento, mas que o escravizou e retirou de seu coração a possibilidade de reagir sozinho.

Quantas pessoas, atualmente, não vivem física e emocionalmente doentes em virtude de inúmeros fardos de culpa, autocobrança e perfeccionismo? A própria ciência já explicitou o quanto o perfeccionismo e o complexo de culpa podem causar várias doenças (físicas e emocionais) que se manifestarão de forma psicossomática (no corpo), tais como a fibromialgia, enxaqueca, depressão, estresse etc.[71]

De fato, a culpa, quando doentia e sem o devido censo de aprendizado e arrependimento pode verdadeiramente prejudicar o coração, desestabilizando as emoções e afetos e furtando o equilíbrio de várias dimensões da vida. Alguém que se torna refém da culpa estará sempre se maltratando, em virtude de não se permitir experienciar o bem e o prazer que a vida pode, sadiamente, lhe proporcionar. Um coração assim ferido torna-se facilmente escravo do perfeccionismo, nunca se permitindo repousar de seus fardos e, consequentemente, nunca se contentando com o que tem e é.

Será sempre necessário, através da oração e de um maduro processo de autorreflexão, prestar atenção no interior para assim conseguir compreender os processos emocionais que nele estão andamento. É preciso silêncio e reflexão

---

71 Para maior aprofundamento, ler: Padovani, Martin. Op. cit.

para podermos identificar as raízes de nossas culpas. Sem tal atitude não haverá eficácia neste processo de restauração nem a concreta libertação deste fardo, afinal, como dizia Pitágoras:[72] "Escuta e serás sábio. O começo da sabedoria é o silêncio!"

Percebo que existem culpas que, de forma inconsciente e demasiado negativa, nos escravizam, furtando a saúde de nossas emoções e relacionamentos. Isso já foi devidamente afirmado. Todavia, afirmo também que existe uma forma positiva de lidar com os processos de culpa, ocasionados pelos erros passados: tal atitude consiste no ato de transformar a culpa em arrependimento e, consequentemente, em aprendizado.

O arrependimento muito pode nos acrescentar e ensinar, visto que ele consiste no ato de reconhecer o que de errado se fez, sentindo a dor ocasionada (em si e nos outros) por tal realidade, e, a partir disso, buscando extrair dos erros um concreto aprendizado. Assim o coração se torna capaz de recomeçar, desprendendo-se do que passou — sepultando no passado o que não pode mais voltar, aprendendo com as próprias imperfeições e construindo, a partir do hoje, um futuro mais feliz e promissor.

Quem se arrepende tem a oportunidade de amadurecer com os erros e fracassos, sem se tornar escravo da culpa, que na maioria das vezes é confusa e irracional. Toda fraqueza possui uma dimensão profundamente pedagógica, que pode

---

72 Filósofo grego do período pré-socrático.

muito nos ensinar e acrescentar. O erro e as desventuras nos ensinam mais que os acertos e as festas, e, para nos tornarmos verdadeiramente maduros na vida, precisaremos em tudo saber aprender com nossas próprias fraquezas e debilidades.

Quem alimenta um complexo de culpa estaciona, de forma irracional, em erros e fatos passados. Quem deles se arrepende chora suas más escolhas e busca o quanto antes recomeçar, aprendendo com o que ficou no ontem e procurando tornar-se melhor no hoje.

Tal atitude de abertura e aprendizado exigirá constante discernimento e luta interior, visto que a linha que separa a culpa do arrependimento será sempre tênue e, às vezes, obscura. É preciso lutar contra a culpa doentia que busca nos punir e destruir, desenvolvendo um olhar paciente e misericordioso para nós mesmos. Assim cresceremos a partir das muitas quedas que a existência nos acrescentar.

Todos viveremos essa contínua luta interior em busca da integração de todos os conteúdos e realidades que humanamente nos compõem. Em tal combate será necessário buscar a melhor forma de lidar com as realidades que em nós descansam, sem nos permitir subjugar por quaisquer feridas e percepções doentias.

Como dizia Fiódor Dostoiévski, "o campo de batalha no qual Deus e o diabo guerreiam é o coração humano".[73] Acrescento a tal compreensão, afirmando que será sempre a

---

[73] DOSTOIÉVSKI, Fiódor. *Os Irmãos Karamázov.*

partir do coração que precisaremos assumir a parte que nos cabe neste "combate", no qual deveremos buscar, com sabedoria, a melhor forma para bem direcionarmos as fraquezas que nos habitam, sempre as utilizando para nos tornar pessoas melhores.

Sêneca[74] certa vez afirmou: "A principal e mais grave punição para quem cometeu uma culpa está em sentir-se culpado."[75] Concordo, em parte, com tal pensamento, visto que a culpa, quando não trabalhada e ressignificada, pode se tornar uma das maiores fontes de punição e tristeza para o coração, ausentando-o da possibilidade de conquistar a felicidade e uma verdadeira realização.

Todavia, quero encerrar este capítulo com outro pensamento desse mesmo filósofo, no qual ele afirma que "o início da salvação é o reconhecimento da culpa"[76]. De fato, sem verdadeiras categorias morais (valores) que nos façam reconhecer nossos erros e culpabilidades, não seremos capazes de amadurecer e usufruir da sabedoria que brotará de nosso arrependimento, também não recebendo os fecundos ensinamentos que nascerão do reconhecimento de nossa "não onipotência".

A específica maneira como lidamos com nossos sentimentos de culpa determinará se nosso desenvolvimento emocional é saudável ou não. Por isso nos será sempre ne-

---

74 Filósofo, advogado, escritor e intelectual do Império Romano.
75 SÊNECA. *Aprendendo a Viver.*
76 Ibidem.

cessário combater todo desequilíbrio e culpa irracional, buscando compreender, racionalizar e sentir tais processos para, assim, receber toda a força e aprendizado que a fragilidade sempre nos pode acrescentar.

## ESFORÇOS MATINAIS

*Vamos apagar as estrelas,*

*guardar a lua,*

*desmontar o sol brilhante...*

*Vamos oferecer ao coração a possibilidade de*
*novamente tentar,*

*emoldurando novos juízos*

*que fabriquem menos exigência e mais verdade.*

*Não somos sóis, luas, estrelas... cometas?*

*Não!*

*Pó, fragilidade e saudade de coisas eternas.*

*Muito prazer!*

*E você, qual é o seu nome?*

*Após muitos passos, páginas e esforços matinais,*

*aprendi a perceber-me assim...*

*Ora povoado pelo tédio, ora marcado pela*
*debilidade,*

*mas nem por isso com menor valor.*

*Em Outro olhar acendi nova chama,*

*percebendo que fui feito para aprender com as quedas.*

*Dele recebi a paciência que me permitiu deixar-me fazer.*

*Por isso, amigo,*

*hoje sigo feliz e respaldado pelo manto da despretensão,*

*reconciliado com o escuro*

*e sempre pronto...*

*para reacender no tempo*

*a chama do bem que em mim descansa*

*silencioso!*


(Pe. Adriano Zandoná)

# Romper medos,
# curar complexos

*"Sede como os pássaros que, ao pousarem num instante*
*sobre ramos muito leves, sentem-nos ceder, mas cantam!*
*Eles sabem que possuem asas."*[77]
(Victor Hugo)

O medo é também uma realidade que, infelizmente, tem "apequenado" inúmeros corações em nosso tempo. Quantas não são as pessoas que se tornaram incapazes de conquistar vitórias e progressos em suas vidas, e isso em virtude de seus muitos receios e temores?

Sentir medo, obviamente, é realidade comum e natural na vida de qualquer ser humano. Contudo, existe uma espécie de medo que é profundamente nociva, visto que paralisa o coração e o torna, mesmo diante de suas inúmeras potencialidades, pequeno e "rasteiro" demais.

O receio, quando estático e paralisante, nos rouba a possibilidade de enfrentar desafios e de superar limites,

---

77 HUGO, Victor. *Os Miseráveis.*

fazendo-nos, em muitas circunstâncias, desistir mesmo antes de tentar.

Recordo-me da belíssima história contada por James Aggrey, um grande político e educador popular que viveu em Gana e que muito lutou para libertar o seu povo do colonial domínio inglês. No ano de 1925, James participou de uma reunião com algumas lideranças populares de seu país para discutir os possíveis caminhos a serem trilhados na conquista da completa libertação e independência da nação.

Contudo, ao perceber que muitos de seus compatriotas haviam se deixado seduzir pela retórica daqueles que lhes haviam feito escravos, assumindo como algo positivo a condição limitada da escravidão, acostumando-se com ela, Aggrey lhes contou uma célebre história que, com certeza, já foi repetida em muitíssimos lugares do mundo:

> Certa vez, um camponês foi à floresta vizinha apanhar um pássaro para mantê-lo cativo em sua casa. Conseguiu pegar um filhote de águia. Colocou-o no galinheiro junto com as galinhas, onde ela passou a comer milho e ração próprios às galinhas, embora como águia fosse a "rainha" de todos os pássaros.
>
> Depois de cinco anos este homem recebeu em sua casa a visita de um naturalista. Enquanto passeava pelo jardim, disse o naturalista: "Este pássaro aí não é uma galinha. É uma águia."

"De fato", disse o camponês. "É uma águia. Mas eu a criei como galinha, e por isso ela não é mais águia. Transformou-se em galinha como as outras, apesar de suas asas de quase dois metros de extensão."

"Não", retrucou o naturalista. "Ela é e será sempre uma águia, pois tem um coração de águia. Este coração ainda a fará voar às alturas." "Não, não", insistiu o camponês. "Ela virou galinha e jamais voará como águia."

Então decidiram fazer uma prova. O naturalista tomou a águia, ergueu-a bem alto e desafiando-a disse: "Já que você é de fato uma águia, já que você pertence ao céu e não à terra, então abra agora suas asas e voe!"

A águia permaneceu sobre o braço estendido do naturalista e, vendo ao longe as demais galinhas, lá embaixo ciscando os grãos, pulou sem demora para junto delas.

O camponês comentou: "Eu lhe disse, ela virou uma simples galinha!" "Não", tornou a insistir o naturalista. "Ela é e será sempre uma águia. Vamos experimentar novamente amanhã."

No dia seguinte, o naturalista subiu com a águia no teto da casa e novamente a desafiou, como no dia anterior. Contudo, a águia viu novamente as galinhas no chão e pulou para junto delas a fim de ciscar os grãos.

O camponês riu e falou:

"Eu lhe havia dito, ela virou galinha!"

"Não!", respondeu firmemente o naturalista. "Ela é águia e terá sempre um coração de águia. Vamos experimentar ainda uma última vez. Amanhã voltarei e a farei voar."

No dia seguinte, os dois levantaram bem cedo, pegaram a águia e a levaram para longe das casas e das galinhas, no alto de uma montanha. O sol nascente dourava os picos das montanhas.

O naturalista ergueu a águia e ordenou-lhe: "Já que você é uma águia, já que você pertence ao céu e não à terra, abra suas asas e voe!"

A águia olhou ao redor. Tremia como se experimentasse uma nova vida. Mas não voou.

Então o naturalista segurou-a firmemente, bem na direção do sol, para que seus olhos pudessem encher-se da claridade solar e da vastidão do horizonte. Nesse momento ela abriu suas potentes asas e ergueu-se, soberana, sobre si mesma, começando a voar. Voar para o alto, para o alto... até confundir-se totalmente com o azul do céu e, enfim, desaparecer...[78]

O corajoso James Aggrey concluiu esta bela história, conclamando:

Meus compatriotas! Nós fomos criados à imagem e semelhança de Deus! Mas houve pessoas que nos fizeram pensar como galinhas. E muitos

---

[78] AGGREY apud BOFF, Leonardo. *A Águia e a Galinha*. Uma metáfora da condição humana.

de nós chegaram a crer que somos efetivamente galinhas. Mas nós somos águias. Por isso, abramos nossas asas e voemos. Voemos como as águias. Jamais nos contentemos com os grãos aos pés para ciscar.[79]

Todos somos águias, visto que fomos feitos para alçar voos altos, em direção a coisas eternas e nobres. Todavia, existem na teia da vida muitíssimos fatores que tentarão nos reduzir à condição de frágeis galinhas, fazendo-nos perder a existência inteira na atitude de "ciscar" coisas rasteiras e baixas.

O medo é uma dessas realidades. Em muitas circunstâncias ele nos cega e limita, tornando-nos meras "galinhas". Existem receios que não nos permitem contemplar nosso verdadeiro valor e possibilidades, deixando-nos amarrados e nos impedindo de voar.

Uma pessoa que se torna refém do medo terá muita dificuldade de alçar voos altos e profundos, permanecendo por toda a vida sem conseguir desenvolver os inúmeros talentos e potencialidades presentes em seu coração, os quais esperam ansiosos para serem despertados.

Creia: você é águia e foi feito para voar mais alto, para ser feliz! Pode ser que as realidades vivenciadas até hoje (sua formação, as pessoas que não acreditaram em você, seus erros e fracassos etc.) estejam limitando-o e fazendo com que você se

___

79 Idem.

perceba como galinha. Contudo, isso é inverdade, pois você é uma águia... e poderá sempre voar mais alto, superando toda e qualquer realidade que o esteja aprisionando.

Os medos que alimentarmos no coração acabarão interferindo diretamente em nossa capacidade de definir e atingir metas, limitando-nos à condição de galinhas. Alimentar constantes medos e dúvidas é como ter vozes internas que se manifestarão através de pensamentos e crenças que nos dirão: "Você nunca vai conseguir, por isso não vale a pena nem tentar...", ou: "Ninguém me valoriza e todos estão sempre a me criticar", ou ainda: "Ninguém me compreende, eu só atraio problemas".

Se não nos precavermos e atentarmos para isso, tais vozes se nos apresentarão como "verdades internas" que irão se autoprogramar em nossa mente, e assim assumirão as rédeas de nossa vida e atitudes. Essas vozes interiores nos dominarão e dirigirão nossas escolhas, fazendo-nos sempre "encolher" diante dos desafios e, de tal forma, aprisionarão nosso coração em uma baixíssima autoestima.

Quando não os dominamos e educamos, o medo e a dúvida tendem a se tornar em nós uma espécie de "programação mental" (programação neurológica),[80] a qual se alimentará das falsas verdades por nós assumidas que, por sua vez, nasceram das internas vozes que nos trancafiaram na negatividade. Tais realidades nos impelirão a, em inúmeras vezes, desistir de algo sem mesmo antes tentar e lutar.

---

80 Para maior aprofundamento, ler: "MEDOS e dúvidas, como libertar?"

Há inúmeras pessoas que sentem suas vidas sendo manipuladas por inseguranças e medos, que as condicionam e limitam profundamente em determinadas áreas. Como, por exemplo, a pessoa que sofreu uma decepção amorosa e que posteriormente não consegue se abrir a novos relacionamentos, ficando emocionalmente "travada", sem conseguir viver novas experiências.

É como se dentro de tal pessoa a antiga experiência de frustração ainda estivesse acontecendo e, diante disso, seu coração, por mais que tente, acaba não conseguindo reagir, percebendo-se "autoprogramado" para agir de forma limitada pelos temores de sua história.

Há também pessoas que erraram e não foram capazes de determinadas conquistas no passado e que, em virtude disso, tornaram-se um frequente domínio do medo. Tais corações escutam constantemente internas vozes de derrota, que os impedem de lutar rumo à aquisição de novas vitórias. Faz-se necessário libertar-se dessa interna negatividade, buscando força interior, principalmente por meio da oração, para reagir a esse tipo de autoprogramação mental ditada pelo medo.

Importantíssimo também é investir no autoconhecimento. Assim se consegue melhor compreender quais os maiores medos que nos limitam (e em quais áreas), podendo reagir a eles com inteligentes e novas atitudes: atitudes racionais e conscientes, que busquem diretamente contradizer as internas propostas (vozes) do medo para, assim, nos possibilitar a superação dos receios com a força de uma autonomia que nos liberta das muitas crenças limitadoras.

Existem medos que precisaremos enfrentar, com bravura e honestidade, tendo a consciência de que muitas vezes eles são maiores em nossa cabeça do que na realidade dos fatos.

É como na famosa história do medo e do tigre, que apresenta como enredo um curioso fato ocorrido na antiga China. Um jovem caminhava tranquilamente por um bosque quando, a partir do reflexo do sol, avistou a sombra de um grande e terrível tigre. O jovem ficou profundamente aterrorizado e não conseguiu se mexer. O medo e o pavor o dominaram e o paralisaram da cabeça aos pés.

O tigre não se movia, tampouco o jovem. Passaram-se minutos, horas... Chegou a noite, e o jovem não conseguiu sair dali. O medo o havia paralisado. Durante a noite, ele não via a terrível sombra, mas, como não tinha certeza se dali o animal havia se retirado, permaneceu no mesmo lugar durante todo o tempo. No outro dia pela manhã, já ao raiar do sol, a primeira coisa que ele pôde enxergar foi a assustadora sombra do tigre, que ia crescendo à medida que o sol ia se tornando mais intenso.

Narra-se que o rapaz permaneceu ali por três dias inteiros, paralisado de medo no mesmo lugar, perplexo e aterrorizado diante da sombra assustadora. Ali ele chorou e passou fome, sede e frio. Contudo, ao término do terceiro dia, o jovem criou coragem e resolveu enfrentar o tigre. Afinal, a situação estava insustentável e ele precisava voltar para casa e continuar sua vida.

Ele concluiu que, mesmo diante do terrível medo que o paralisava, seu coração precisava reagir.

Seus batimentos cardíacos ficaram muitíssimo acelerados. Ele respirou fundo, recrutou toda a coragem que conseguiu encontrar dentro de si e, em um acesso de cólera, precipitou-se na direção do grande tigre com a intenção de enfrentá-lo e dominá-lo.

Tamanha foi a sua surpresa quando chegou ao suposto animal, visto que o que ali havia era somente um pequeno tigre de papel (possivelmente deixado por alguma criança que brincou pelo bosque), que havia adquirido uma grande sombra a partir da luz do sol.

Quantos tigres de papel não existem na minha e na sua vida? Medos irracionais que nos dominam e paralisam, mas que hoje precisam ser enfrentados e desmascarados por nós. Declaremos morte aos tigres de papel!

Infelizmente, muitos dos seres humanos de hoje preferem fugir a enfrentar seus temores. Corações que preferem não lutar e que, exatamente por isso, não conseguem realizar a necessária "travessia" que os fará desmascarar seus fantasmas e superar suas crenças limitadoras. Em determinados momentos, precisaremos enfrentar nossos receios e dúvidas infundadas, desafiando a falsa compreensão que nos fez crer que não somos capazes de sair do registro mental que anteriormente nos paralisou.

Outro risco que persegue alguém que se permite dominar pelo medo é o fato de, em algumas circunstâncias, seu coração encontrar confiança em apenas uma área de sua vida, como, por exemplo, o trabalho (o âmbito profissional). Tal pessoa correrá o risco de se refugiar somente nessa área de sua vida para assim compensar — muitas vezes, inconscientemente — o vazio e o medo presentes em outras áreas de sua existência.

Uma pessoa assim sente um enorme medo de tentar e experimentar coisas novas, tais como voltar a estudar, iniciar novos relacionamentos, aprender novas habilidades etc., e isso devido ao enorme receio do fracasso que se instalou em seu coração.

Enquanto não nos libertarmos da dúvida e do medo, e não assumirmos o controle das inúmeras áreas de nossa vida, perderemos vastas e maravilhosas oportunidades a nós constantemente apresentadas pela existência.

A infeliz crença que por vezes assombra nossa mente, levando-nos a concluir que nada de bom nos acontecerá e que sempre será "tudo igual", dá à luz a um doentio receio de falhar, de não ser aceito e de sofrer, o qual não nos permite arriscar em novas e criativas iniciativas pela vida. Precisaremos a tudo isso reagir de forma consciente, inteligente e objetiva, rompendo com o medo de assumir os "riscos de nossa liberdade", para assim conseguirmos ousar na direção das muitas vitórias que nos aguardam.

Somos águias, e não galinhas. Exatamente por isso, precisaremos enfrentar nossos medos, lançando-nos de sobre a "montanha". Assim poderemos, a exemplo da história a nós apresentada, alcançar os "altos céus" e o que eles nos reservam. Existem muitíssimas conquistas esperando por nós, as quais aguardam, ansiosas, somente o "bater de nossas asas" para começarem a verdadeiramente acontecer no solo de nossa história.

# A cura dos afetos e das emoções

*"Pergunto-me: o que significa o inferno? Respondo: a incapacidade de amar."*[81]

(Fiódor Dostoiévski)

Chegamos a um dos pontos mais altos de nossa reflexão. Neste capítulo, refletiremos de maneira específica sobre a cura de nossos afetos e nossas emoções, realidade esta extremamente necessária à qualidade de nossa vida e à conquista da tão ansiada felicidade. Afirmo, sem medo de cometer uma imprecisão, que sem um processo concreto de cura dos próprios afetos e emoções (a "travessia") será muito difícil, para não dizer impossível, conquistar uma verdadeira felicidade e realização como ser humano.

Muitos de nós, em alguma medida, precisamos conquistar cura e equilíbrio em nossos afetos, visto que somos seres profundamente relacionais e, justamente por isso, colecionamos feridas que nasceram dos relacionamentos que experienciamos na vida. Nascemos e vivemos em um contexto

---

81 Dostoiévski, Fiódor. *Os Irmãos Karamázov.*

profundamente relacional, pois desde a mais tenra idade nos encontramos ligados a outras pessoas na família, escola, posteriormente no trabalho etc.

Ninguém nasce para viver sozinho. Todos precisam de amigos, de relações calorosas e afetuosas, de uma família etc. É natural do ser humano o desejo de estar emocionalmente conectado e, quando essa necessidade não é satisfeita, ou quando é vivida de maneira desequilibrada, acontece um intenso sofrimento psicológico/emocional que acaba nos marcando com profundas feridas.

Aqui mais uma vez ressalto, com clareza e objetividade, que a causa de nossas feridas afetivo/emocionais estará sempre ligada à experiência do amor: a sua ausência ou a sua incorreta expressão e vivência.[82] Afirmo, mais uma vez, que apenas o amor poderá curar as feridas por ele ocasionadas... Não, obviamente, a experiência de "qualquer amor", mas de um amor que seja verdadeiro e que realmente nos devolva à vida.[83]

Para um autêntico processo de cura, faz-se necessário, inicialmente, identificar as próprias feridas e ausências para, em um segundo momento, abrir-se inteiramente à experiência do amor. Abrir-se ao amor de Deus, que é infinito e incondicional (nos acolhe como somos e nos abarca em nossas afetivas necessidades), e, por consequência, abrir-se à

---

82 Como na experiência de um amor que só seja efetivo e nunca afetivo etc.
83 Para um maior aprofundamento, ler a Encíclica *Deus Caritas Est*, de Bento XVI.

experiência do amor humano, visto que todos temos a necessidade de amar e ser amados para alcançarmos a cura e o equilíbrio interior.

A derradeira restauração em nossos afetos só se tornará possível, como bem expressou a Encíclica *Deus Caritas Est*[84], através da união de dois amores em nosso coração: o humano e o divino, o *Eros e o Ágape*. Serão essas, pois, as duas realidades que transformarão nossas emoções: o amar e ser amado, na dimensão humana[85], e o permitir-se amar por Deus, também O amando. Será este amor o que nos curará e devolverá à vida, visto que ele traz em si a perene possibilidade de nos ressuscitar, transformando nossos emocionais invernos em belíssimas primaveras.

Lamentavelmente, muitos são os corações que colecionam profundas feridas emocionais, em virtude de na vida só terem experienciado "relacionamentos de troca". Em tais relacionamentos, o afeto é ausente e imperam unicamente a cobrança e os interesses pessoais. Em virtude dessa realidade, tais corações não se sentiram amados e "aprovados" por aquilo que verdadeiramente são, sendo sempre acostumados a "pagar" para receberem o afeto e a aprovação alheia.

Essas pessoas só eram amadas e valorizadas quando davam algo em troca, correspondendo aos interesses egoístas de alguém. Este imperfeito modelo de relacionalidade acrescenta,

---

84 De Bento XVI. Números 3 a 6.
85 E isso não apenas um amor erótico (de um homem por uma mulher, por exemplo), mas também em um amor de amizade, um amor para com os familiares etc.

ainda que de forma velada pelo inconsciente, agudas marcas e feridas no coração.

Essa prática é, infelizmente, muito comum e, ao mesmo tempo, extremamente prejudicial, visto que gera uma concepção utilitarista do amor através da qual o afeto será falsamente ofertado no "mercado" dos interesses pessoais, na maioria das vezes acentuadamente egoístas. Assim, o coração humano se sente constantemente usado e abusado e, por consequência, vazio de amor e afeto em um verdadeiro raquitismo emocional, o qual fará ausentar-se de sua compreensão a crença no imenso valor presente em sua vida e história.

Tal concepção e comportamento é, sem dúvida alguma, a gênese de muitas das feridas e deformidades emocionais contemporâneas.

Para dar passos concretos nesse processo de cura, precisaremos nos empenhar para construir relacionamentos de comunhão, e não de troca. *Na comunhão, as iniciativas de amor são livres e realizam o ofício de vivificar a essência do bem no coração.* Esses relacionamentos não exigem nada (nenhuma paga) em troca do amor. É claro que eles não são mágicos nem caem do céu, mas precisam, obviamente, ser construídos com paciência e, sobretudo, com constantes iniciativas de amor.

Talvez você esteja a pensar: "É muito difícil encontrar alguém que ame assim..." Ao que respondo: ame você primeiro, dê passos de um amor desinteressado em relação às pessoas. Assim você estará, aos poucos, construindo relacionamentos de comunhão e trilhando um caminho de cura, visto que, em muitíssimos casos, o amor que mais nos curará será aquele que livremente ofertamos, e nem tanto o que recebemos.

Sei que tal realidade é complexa, e não quero aqui propor soluções que pareçam mágicas. Compreendo que muitas vezes as pessoas não estão "prontas" para acolher nosso amor e para nos amar, construindo conosco uma interação de comunhão. Sei também que as muitas decepções que na vida, porventura, tenhamos sofrido realizam o ofício de nos tornar descrentes no amor, ofuscando nossa visão e nos impedindo de acreditar na possibilidade de sermos verdadeiramente amados por alguém. Contudo, quero aqui ressaltar o que já foi expresso pela Revelação,[86] a qual afirma que somente o amor, principalmente o que nós ofertamos, será capaz de curar e restaurar todas as coisas, dando-nos uma nova vida e reestruturando nossas emoções.

Para sermos curados em nossos afetos e emoções, nos será necessário superar receios e decepções, os quais nos "travam" no exercício do amor. Precisaremos romper com o medo de amar e de ser amado, para assim inaugurarmos um processo de crença no poder do amor, que sempre poderá nos transformar e que "jamais se esgotará ou passará!".[87]

Em algumas circunstâncias, também, o que nos impedirá de sentirmo-nos realmente amados será a nossa carente

---

86 A revelação bíblica cristã (Cf. 1João 4,16.18; 1Coríntios 13,1-13).
87 1Coríntios 13,8.

maneira de exigir que as pessoas supram instantaneamente todas as nossas necessidades afetivas. Isso é ilusão (uma "descarga infantil" das próprias carências sobre os demais), além de ser uma crueldade que nos faz arremessar as pessoas no fosso de nossas carências, ausentando-as da possibilidade de livremente "existir" e "respirar".

Para curar o próprio coração, restaurando e equilibrando os afetos, será preciso lançar-se na aventura de amar, sem, contudo, projetar no outro todos os nossos vazios e carências pessoais, e sem, consequentemente, criar estruturas de domínio e de dependência afetiva.

Para se curar não basta apenas amar: é preciso amar do jeito certo! O verdadeiro amor é aquele que torna o outro cada vez mais livre, cada vez mais ele mesmo, e não o que o torna dependente de mim e de meus interesses egoístas.

Confesso que tenho muita dificuldade de acreditar em amores que sejam possessivos e pegajosos demais. Em minha concepção, eles podem receber muitos outros nomes: troca de carências, encontro de egoístas infantis, disfarce de feridas emocionais em supostos atos virtuosos etc., menos o nome amor.

Confidencio que, sinceramente (essa é uma partilha pessoal, só entre nós...), sou um pouco impaciente com pessoas pegajosas. Compreendo que tal maneira de se relacionar é tão prejudicial quanto a ausência do amor, visto que o excesso desequilibrado (manifesto por um amor pegajoso) também estraga e deforma o coração, sufocando o afeto e impedindo qualquer ressurreição interior.

Verdadeiramente, não tenho nenhuma disposição em me relacionar com pessoas pegajosas e que vivem a cobrar meu afeto e atenção.

Enfim, prossigamos nossa reflexão.

Será trilhando um caminho de retorno ao amor humano e de abertura ao amor divino que conseguiremos dar passos em direção à cura de nossas emoções. Nisso precisaremos investir vida e tempo, empregando energias e possibilidades em busca de tal restauração.

Quero aqui concluir evidenciando a história de uma heroica jovem que tive a oportunidade de conhecer. Sua história era, infelizmente, trágica. Contudo, das tragédias presentes no solo de sua história, ela soube extrair inúmeros processos de beleza e reconstrução afetiva. Filha de imigrantes ucranianos que já há alguns anos moravam no Brasil, ela foi concebida em uma união totalmente descomprometida e sem amor (por parte seus pais), a qual, logicamente, não conseguiu perdurar por muito tempo.

Alguns anos após seu nascimento, em virtude de muitas brigas e traições recorrentes, seus pais se separaram. Tanto seu pai quanto sua mãe nunca lhe demonstraram qualquer afeto, desde sua mais tenra infância, deixando bem claro a ela que eles nunca a desejaram e esperaram, e que ela havia sido um infeliz equívoco que muito os incomodou e perturbou.

Sua mãe muitas vezes repetiu que seu nascimento fora um infeliz acidente. Muitas vezes, ela lhe disse: "Menina, eu não nasci para ser sua mãe... Eu não gosto de você!" Enfim, seus genitores nunca tiveram quaisquer gestos de afeto e acolhida para com ela.

Em sua infância, ela sofreu recorrentes abusos sexuais por parte de familiares e de um vizinho.

A carência e o vazio que habitavam seu peito eram enormes. Logo que ingressou na adolescência, envolveu-se profundamente com as drogas, entrando, por consequência, na vivência de uma sexualidade totalmente desregrada através da qual ela buscava preencher a imensa ausência presente em seu coração.

Nesta vida de drogas e desregramentos, essa jovem teve a oportunidade de conhecer pessoas altamente envolvidas com o crime (traficantes, ladrões etc.), com as quais começou a construir concretas interações, passando a com eles conviver e "trabalhar".

A protagonista desta história, mesmo em sua pouca idade, viu e realizou coisas tão terríveis na vida do crime, as quais eu não me sinto autorizado a sequer mencionar aqui. O que confidencio é que ela foi muito longe, e que viveu coisas terrivelmente complicadas em sua vida de criminalidade.

Ressalto que alguns de seus familiares eram também envolvidos com o crime organizado, compondo quadrilhas que realizavam grandes furtos. Como se costuma dizer: eles também eram gente "da pesada", envolvidos com coisas muito sérias e violentas.

Tal jovem usou muitos tipos de droga, envolveu-se com práticas satânicas (até mesmo se consagrou ao mal) e chegou ao fundo do poço. Após a morte de alguns familiares e em virtude de outras decepções experienciadas, ela tentou o suicídio por duas vezes, não obtendo sucesso em nenhuma delas.

Ela ouviu palavras duríssimas, de desamor, maldição e violência por parte de seus pais. Tais palavras e desafetos a fizeram afundar ainda mais em suas tristes mágoas e desilusões.

Todavia, em um determinado dia, estando ela em sua casa e pronta para novamente tentar o suicídio, seu coração resolveu fazer uma simples oração, suplicando a Deus que — se, de fato, Ele existisse — a ajudasse e retirasse daquela infeliz situação. Após esse momento, ela ligou a televisão e, ao trocar de canal, deparou com um programa que passava em um canal cristão.[88] Ao assistir a tal programa, sentiu-se profundamente tocada, descobrindo em seu coração a voz de Deus que a chamava a uma vida nova (claro que, no momento, ela não compreendeu assim...). A partir disso, decidiu de Deus se aproximar, buscando Nele o auxílio para superar os seus vícios e vencer a vontade de encerrar a própria existência.

Poucos dias após esse episódio, a jovem procurou um padre para conversar. Ela confidenciou sua história aos

---

88 TV Canção Nova.

cuidados desse sacerdote, que começou a acompanhá-la e auxiliá-la em seu árduo caminho de restauração afetiva. Muitos eram os problemas e feridas que habitavam seu coração, tanto de ordem psíquica, como emocional e espiritual. Extremamente desafiante seria a sua travessia: o caminho de transformação e reconstrução de sua história.

Após algumas semanas, o padre e alguns jovens que decidiram ajudá-la conduziram-na a um belíssimo retiro espiritual,[89] no qual ela se sentiu profundamente amada e acolhida por Deus, amor este que antes ela nunca havia experienciado em sua vida.

Tal retiro realizou uma profunda revolução na vida deste ser humano! Após sua realização, a vida de nossa jovem nunca mais seria a mesma. Ela se sentiu profundamente amada por Deus e pelas pessoas que a estavam acompanhando em sua restauração, e este amor iniciou nela um intenso processo de ressurreição, que a fez compreender que sua vida era um belíssimo dom.

Ela foi construindo muitos relacionamentos de comunhão: com o sacerdote, com os jovens e pessoas que também estavam no retiro, com novos amigos que ela foi encontrando, enfim, seu coração foi gradativamente se abrindo a profundas e belas experiências de amizade. Tal jovem começou a trilhar um novo itinerário em sua vida, realizando uma linda transformação,

_____

89 Um retiro espiritual, no qual se enfatiza a cura através do amor de Deus.

através do amor, de todos os difíceis enredos e dores que compunham a sua história.

Seu coração não seria mais o mesmo! Aos poucos, ela foi experienciando cura e restauração em seus afetos e emoções, e isso, precisamente, através da experiência do amor que ofertava e recebia.

Essa linda jovem encontrou forças para se libertar das drogas, do sexo desregrado, da vida de crime, que eram, no fundo, apenas formas inconscientes de tentar compensar[90] seus vazios e sua ausência de afeto. Ela começou a viver uma vida totalmente nova! Seu ser experienciou um lindo processo de cura e restauração afetiva, que inaugurou uma feliz primavera em seu interior.

Logicamente que as coisas não foram fáceis nem instantâneas em sua vida, visto que ela enfrentou muitíssimas barreiras e obstáculos em seu processo de restauração. Todavia, em virtude do grande amor que seu coração foi experienciando, nossa amiga conseguiu prosseguir seu caminho em Deus, ao lado de seus novos e verdadeiros amigos. Ela nunca mais retornou à vida e às experiências antigas, que tanto a haviam feito sofrer no passado.

Seu coração, a partir de muita luta e com um interior empenho, decidiu-se a perdoar seus pais e aqueles que lhe fizeram o mal, libertando-se, assim, da cadeia dos ódios e mágoas. Aqui ressalto que, sem a liberação sincera do per-

---

90 Formas de expressar sua carência e de chamar a atenção.

dão, nenhum coração poderá ser verdadeiramente curado e restaurado em seus afetos e emoções. O perdão será sempre uma condição essencial no processo de restauração e de cura afetiva/emocional.

Nossa jovem fez a linda experiência de ser curada em seus afetos pela força do amor (divino e humano) e, mesmo diante do terrível contexto que configurou sua história, nunca mais retornou aos erros do passado, tornando-se uma pessoa totalmente nova e feliz. Verdadeiramente, o amor a transformou e lhe conferiu um novo sentido para a vida!

Acredite: tudo em nossa história poderá ser transformado e curado pela força do amor — tudo! Não existe nada em sua vida que o amor, divino e humano, não possa curar e restaurar.

Levante-se, creia, recomece. Tenha a certeza de que você não está só, pois existem muitíssimos corações que também estão nesta luta para curar seus afetos e emoções machucados, a partir da experiência do amor. Tenha coragem e abra-se, sem medo, a esta belíssima realidade: o amar e ser amado!

Não se aprisione na insegurança nem meça esforços no exercício do amor. Permita que ele transforme os rumos de sua história, transmutando seus lutos em festa e transformando-o em um autêntico vencedor. Não tenha receio e arrisque-se nesta maravilhosa travessia!

No desenrolar deste encontro, revela-se com clareza que o amor não é apenas um sentimento. Os sentimentos vão e vêm. O sentimento pode ser uma maravilhosa centelha inicial, mas não é a totalidade do amor. [...] O eros (amor humano) precisará enfrentar o processo das purificações e amadurecimentos, pelos quais se tornará plenamente ele mesmo, ou seja, se tornará amor, no significado genuíno da palavra (um amor verdadeiro).

É próprio da maturidade do amor abranger todas as potencialidades do ser humano e incluir, por assim dizer, o ser humano em sua totalidade (curando-o em todo o seu ser...). O encontro com as manifestações visíveis do amor de Deus suscita em nós o sentimento da alegria, a qual nasce da belíssima experiência de sermos amados (amor este que nos cura e restaura!).[91]

---

91 BENTO XVI, Encíclica *Deus Caritas Est*, 17.

# Romper com a dependência afetiva

*"A maioria das pessoas não quer realmente a liberdade, pois liberdade envolve responsabilidade, e a maioria das pessoas tem medo da responsabilidade."*[92]

(Sigmund Freud)

Na base do transtorno da dependência afetiva estão sempre presentes complexas e profundas formas de carência: uma verdadeira "desnutrição emocional" que encontra sua origem na própria história de vida daquele que sofre a dependência. Pais ausentes, negligentes, excessivamente rígidos ou, ainda, superprotetores estão geralmente presentes na história de quem porta essa ambígua fragilidade.

Todos nós, desde muito cedo, aprendemos que dependemos de nossos pais ou daqueles que assumiram tal função para que tenhamos atendidas nossas necessidades básicas, tanto materiais quanto afetivas. Essa compreensão nos leva

---

92 Freud, Sigmund. *Pequena Coleção* (Obras de Freud).

a precocemente perceber o quanto nossas atitudes geram reações, tanto positivas (de estímulo) quanto negativas (de punição), por parte daqueles que amamos e dos quais somos dependentes.

Com o passar dos anos, e se nutrirmos um correto desenvolvimento de nossa autoconfiança[93] (e autoestima), essa dependência diminuirá gradativamente, até totalmente se diluir, a ponto de sermos capazes de construir relacionamentos sadios, nos quais poderemos assegurar o devido respeito à nossa individualidade e identidade.

Todavia, quando tal realidade não acontece, o desenvolvimento emocional se dá de forma desequilibrada e o coração em questão seguirá pela vida estabelecendo relações afetivas nas quais imperarão a insegurança e a dependência.

Naqueles nos quais isso ocorre, o comportamento se manifestará — muitas vezes — condicionado, de modo a sempre obter a aprovação daqueles a quem se quer agradar, podendo com isso assumir uma postura de um "marionete afetivo" diante das intenções e interesses alheios. Nos casos extremos, tais pessoas se submetem a humilhações, abusos, explorações e a toda sorte de desrespeito, simplesmente para conseguir aprovação e garantir que o ser amado não as abandone.

As pessoas carentes e que possuem uma tendência à dependência afetiva estarão constantemente vulneráveis diante

---

93 Que será consequência do amor que recebermos.

dos inúmeros processos de dominação emocional, nos quais sua identidade e desejos pessoais acabarão "confiscados" por eventuais dominadores. A dominação consistirá no fato de assumir o poder sobre outra pessoa, confiscando-lhe a liberdade e "impondo-lhe sua própria maneira de viver e de pensar, seus projetos, sua concepção do que seja o melhor, do caminho que se deve seguir etc". [94]

No processo de dominação afetiva, comumente haverá o autoritarismo de um lado e o esmagamento do outro, e quem sofrer esta espécie de esmagamento gerado por sua dependência estará constantemente subjugado aos comandos do outro, não tendo a possibilidade de (sozinho) realizar suas escolhas e construir sua vida.

Os processos de dominação,[95] que se manifestam através de uma personalidade forte e autoritária que subjuga uma outra (que se apresenta mais fraca e vulnerável), acontecem, em sua maioria, no seio da própria família. É o caso, por exemplo, de filhos que foram criados por pais dominadores e autoritários, que acabaram "engolindo" a personalidade de seus filhos e os tornaram pessoas fracas e sem opinião: altamente influenciáveis e propensas à dominação.

Pessoas inseguras que desenvolverão a interior "necessidade" de em tudo serem controladas por alguém. É comum, por exemplo, que homens criados por mães dominadoras aca-

---

94 PACOT, Simone. Op. cit.
95 Para um maior aprofundamento, ler: Idem.

bem se casando com mulheres dominadoras, pois assim eles acabam — inconscientemente — transferindo o processo de dominação para outra pessoa, e com isso mantendo o histórico de controle emocional no qual foram criados.

Quantos pais já não "estragaram" emocionalmente seus filhos em virtude de neles ter imprimido uma doente necessidade de si mesmos (dos pais), e isso pelo fato de tê-los criado em um processo patológico de superproteção e domínio afetivo.

Quantos genitores já não prejudicaram a saúde afetiva de seus filhos pelo fato de impedi-los de enfrentar os desafios da vida, fazendo-os em tudo dependentes da sua intervenção. Tal realidade é extremamente prejudicial para a conquista da autonomia da identidade, visto que furta do filho a devida coragem para acontecer na vida, enfrentando suas dificuldades e saboreando suas vitórias.

Como dizia um sábio e antigo ditado: "Ser um bom pai (ou mãe) consiste na arte de se tornar desnecessário..." Sim, um bom pai (ou mãe) é aquele que forma o seu filho para a vida, para enfrentar a luta dos dias, dando seus próprios passos e fazendo suas próprias escolhas, e não aquele que os faz dependentes de seu afeto e aprovação pelo resto da existência. Exatamente por isso, o bom pai (ou mãe) será aquele que, com o passar dos anos, souber tornar-se "carinhosamente" desnecessário.

Todavia, é um tornar-se desnecessário apenas no sentido de não subjugar o filho, tornando-o dependente em tudo da intervenção paterna/materna, e isso, obviamente, sem afastar-se totalmente dele em um cruel desamparo nos momentos de aflição.

Este tornar-se desnecessário significa estar sempre unido ao filho, como um apoio e segurança com o qual ele sabe que pode contar, mas sem, contudo, decidir por ele em todas as realidades. Os pais precisam, sim, acompanhar seus filhos, mas como uma presença que os faça "caminhar com as próprias pernas" e jamais imaturamente, carregando-os no colo.

Quantos casamentos já não foram destroçados em virtude da ausência de sabedoria de pais que influenciaram seus filhos em seus matrimônios, não os deixando enfrentar as dificuldades próprias a qualquer relação? Todo matrimônio (e relacionamento) passará por crises, principalmente em seu início. Toda relação terá que deparar com o encontro das diferenças que compõem cada coração, com o processo de adaptação, com o desgaste dos desconexos pontos de vista etc. Os pais precisam compreender que é necessário permitir aos filhos viver tais experiências, sem constantemente interferir neste processo, e sem tomar as dores e posições do filho contra seu cônjuge.

Infelizmente, há muitos filhos mimados e afetivamente arruinados por aí, pelo fato de em tudo seus pais "tomarem as suas dores", em tudo defendê-los e protegê-los (até, muitas vezes, quando estão errados...), não lhes permitindo crescer.

Os filhos se casam com os cônjuges, e não com os pais de seus cônjuges. Lamentavelmente, muitos pais imaturos acabaram estragando o casamento de seus filhos em virtude de, mesmo de longe, exercerem um profundo controle emocional sobre eles, assim conduzindo suas escolhas e posições dentro do casamento. Isso é infantilidade! É um cruel assassinato da liberdade do filho, que terrivelmente lhe roubará a possibilidade de ser feliz, além de ser uma aguda afronta a qualquer genro ou nora.

Os pais precisam cultivar a maturidade de compreender que seus filhos não os deixaram de amar em virtude de terem se casado e assumido um compromisso com outra pessoa. O lugar de um pai e de uma mãe no coração do filho será sempre único e especial! Afirmo isso como um filho que é apaixonado por seus pais, que estão sempre presentes em meu coração, onde quer que eu esteja. Quem realmente ama sabe partilhar, tornando livre e autônomo o ser amado (e nunca o retendo exclusivamente para si).

Os pais precisam permitir a seus filhos viver suas vidas e fazer suas escolhas, sem os dominar e escravizar pelo afeto, tornando-os eternamente dependentes. Perdoem-me a franqueza, mas preciso dizer que os pais cujos filhos não são capazes de fazer qualquer escolha sem — dependentemente — os consultar devem se considerar péssimos pais, pois quem verdadeiramente ama forma para a liberdade (para a vida), e nunca para a dependência afetiva e emocional.

Portanto, se você é pai ou mãe, gentilmente lhe sugiro: permita que seus filhos vivam seus casamentos e criem os seus próprios filhos com autonomia! Lute para respeitar esses espaços de liberdade, o que lhes será extremamente necessário para o desenvolvimento sadio de seus afetos e de sua identidade. Eles precisam, sim, e muito, de sua presença afetivamente ativa, a qual lhes transmitirá apoio e segurança, mas, em nome da realização e felicidade de seus corações, nunca decida por eles!

Não os influencie em seus matrimônios, tampouco os mime, assumindo uma constante postura de defesa deles e oposição aos seus cônjuges. O que eles mais precisam é que você os ajude a perceber os erros que não são capazes de enxergar, sendo sincero e os ajudando a crescer. Essa será a maior contribuição que você poderá acrescentar!

O que afirmei com relação aos pais serve para todo e qualquer tipo de relacionamento, o qual, para suceder de forma sadia e feliz, precisará sempre respeitar a autonomia e a individualidade do outro sem nunca as domesticar e dominar.

Refletindo agora sob outra perspectiva, atesto que existem também processos de dominação nos quais o que impera não é tanto o autoritarismo, visto que tal dominação não acontece, necessariamente, através de uma personalidade mais forte (dominadora) que subjuga uma mais fraca (vulnerável à dependência). Ao contrário, em tais casos o processo de dominação afetiva assume outras estratégias, como a chantagem afetiva e a compensação emocional.

É o caso, por exemplo, da pessoa que amarra o outro de tal forma, através de supostos laços de afeto e de uma forte ligação afetiva, que o dominado acaba tornando--se cativo, a ponto de se sujeitar a qualquer circunstância para não perder o aconchego emocional, a segurança desta ligação afetiva. Um coração que assim se permite aprisionar permanecerá constantemente manipulável diante das ordens e das emocionais chantagens protagonizadas pelo outro, assumindo, assim, uma postura de escravidão afetiva que se evidenciará pela alienação de sua individualidade.

Para conquistarmos a felicidade, consequência direta de um processo de cura afetiva e emocional, será preciso romper definitivamente com tudo que nos domina e nos torna dependentes. Para trilharmos a estrada desta encarnada e real felicidade nos será necessário, antes e acima de tudo, reagir aos mecanismos de dominação existentes em nós que nos oprimem ou nos levam a oprimir, para assim buscar compreender qual é a dinâmica pela qual eles nos aliciaram e subjugaram.

A partir de tal constatação, será necessário conscientemente reagir a tais dinâmicas de opressão emocional, principalmente nos detalhes de nossos relacionamentos, iniciando um processo de independência afetiva e declarando "guerra" a todo processo que busque nos aprisionar/anular na construção de nossa identidade.[96]

*Ninguém poderá ser humanamente feliz e realizado se não for afetivamente livre. Sem conquistar a interior autonomia para construir a própria história, com escolhas próprias e conscientes, o coração se encontrará perenemente doente e, consequentemente, não conseguirá fazer as pazes com a vitória.*

Infelizmente, e ratificando o pensamento de Freud que inaugurou este capítulo, existirão muitíssimos corações que, de forma autodestrutiva e imatura, preferirão a falsa segurança de seus cativeiros emocionais a terem que enfrentar o desafio (a travessia) de construir relacionamentos livres e autônomos.

Esses corações se manterão estacionados em uma perene infância afetiva, nunca conseguindo experienciar um amor que seja autêntico e que verdadeiramente liberte. Por consequência, tais pessoas não descobrirão a imensa alegria resultante do fato de poder "andar com as próprias pernas" (construindo a própria história), e assim se tornarão incompletos e infelizes na trama da existência.

Tais seres humanos colocam em risco até a própria salvação, a qual será sempre uma realidade individual que nos fará

---

96 Este será um processo exigente e, por vezes, doloroso. Em tal dinâmica será importantíssimo um acompanhamento espiritual, com um concreto processo de cura interior (encontrando alguém para rezar por este fim). Se possível, também, será de muita valia um acompanhamento terapêutico (com um bom psicólogo), o qual nos auxiliará a melhor perceber as estruturas de dependência afetiva existentes e atuantes em nós.

encontrarmo-nos com nossa história, assumindo a eterna consequência por nossas escolhas e opções na vida, sem justificar ou transferir a responsabilidade a alguém.

Somos seres livres e autônomos. Qualquer espécie de dominação que nos ausente de uma verdadeira liberdade deverá ser fortemente combatida e rejeitada. Precisamos amar e construir relacionamentos repletos de afeto, contudo, sem permitir que tais interações nos diluam e dissolvam em outros corações, anulando nossa personalidade e nos encerrando em cativeiros emocionais.

Concluo afirmando que na vida só conquistará uma verdadeira felicidade aquele que tiver a coragem de pagar o preço de sua liberdade, existindo com qualidade e inteireza, sem se permitir subjugar como uma marionete dominada por alheios afetos e interesses. Apenas assim o coração poderá trilhar as sendas de uma autêntica realização, construindo com responsabilidade e liberdade as vitórias que a vida lhe reserva para cada tempo e circunstância.

Lancemo-nos na atitude de amar e ser amados do jeito certo, e permitamos que o autêntico amor nos liberte e nos coloque na real rota da felicidade.

> O amor é paciente, é benfazejo; não é invejoso, não é presunçoso nem se incha de orgulho; não faz nada de vergonhoso, não é interesseiro, não se encoleriza, não leva em conta o mal sofrido; não se alegra com a injustiça, mas fica alegre com a verdade (1 Coríntios 13,4-6).

# Os estágios de desenvolvimento do amor humano — fases do amor rumo à maturidade

*"As palavras proferidas pelo coração não tem língua que as articule, retém-nas um nó na garganta e somente através dos olhos poderão ser lidas."*[97]

(José Saramago)[98]

Fiz questão de iniciar este capítulo com a bela frase deste distinto escritor, pois tal sentença nos leva a compreender a dinâmica do amor e a sua específica profundidade: é preciso contemplá-lo com sensibilidade, pois só assim será possível perceber e experienciar com eficácia e verdade.

O amor, como já afirmamos, é fonte de vida e de ressurreição. É realidade que exige atenção e cuidado por parte daqueles que com ele desejam se reconciliar. Como qualquer realidade que perpassa a vida humana, ele também

---

97 SARAMAGO, José. *Os Poemas Possíveis.*
98 Escritor, poeta, romancista e jornalista português.

atravessa fases, passando por um natural processo de purificação e amadurecimento.

Para que se torne livre e saudável, nossa humana capacidade de experienciar o amor e de ofertá-lo aos demais precisará ser continuamente amadurecida, a fim de gerar concretos frutos de alegria e vida nova.

Faz-se necessário bem compreendermos os estágios de desenvolvimento do amor, para assim buscarmos adequar nossas emoções e afetos à fase (cronológica) na qual estamos inseridos, não estacionando nem nos permitindo aprisionar pelas feridas presentes no que já passou.

Para apresentar tais fases, irei fundamentar-me na teoria dos estágios do desenvolvimento humano proposta pelo psicólogo Erik Erikson, o qual enfatiza oito específicos estágios no desenvolvimento afetivo/emocional de cada pessoa. Todavia, como é sabido por muitos, toda teoria comporta limites. Assim sendo, utilizarei apenas alguns aspectos desta teoria, sem me prender na total expressão (técnica) por ele apresentada. Irei valer-me de seu pensamento sem, contudo, utilizar a descrição de todos os seus oito estágios. Apresentarei apenas quatro estágios, os quais são mais precisos e objetivos,[99] e melhor servirão ao propósito de nossa reflexão. No entanto, apenas a título de conhecimento, apresento agora os estágios definidos por Erikson em sua pesquisa: Primeira infância (de 0 a 2 anos), Infância (de 2

---

99 Infância, Adolescência, Juventude e Idade Adulta.

a 3 anos), Idade lúdica (de 3 a 5 anos), Idade escolar (de 6 a 12 anos), Adolescência (de 12 a 18 anos), Juventude (de 15 a 35 anos), Idade adulta (de 35 a 65 anos) e Velhice (após os 65 anos).

Este será um capítulo mais conceitual, o que exigirá de nós um pouco mais de atenção. Contudo, ele nos fornecerá uma base mais fundamentada para bem compreendermos o processo de amadurecimento no amor que aqui será evidenciado.

Pois bem, iniciemos este percurso.

Enfatizo que será sempre a capacidade de vivenciar um amor livre e oblativo,[100] que acrescentará maturidade ao coração, fazendo-o desenvolver-se e evoluir em seu processo relacional e humano. Será através da capacidade de se doar ao outros, livremente, que o amor manifestará seu amadurecimento ou, caso contrário, sua ausência de maturidade e desenvolvimento.

Quem não é capaz de esquecer-se de si e em nada sabe livremente ofertar-se, não pode dizer que ama. Aquele que vive de forma egoísta, buscando em tudo apenas receber o amor, não conseguirá alcançar a realização em sua história, visto que apenas o amor doado e recebido será capaz de nos acrescentar uma realização concreta.

---

100 Que sabe se ofertar ao outro. Que vence o egoísmo e consegue livremente expressar afeto, sem egocentricamente apenas exigir o amor alheio.

O amor-doação, que nos confere maturidade e que essencialmente nos cura, se manifestará na negação radical do egoísmo, que, infelizmente, é muito comum em nosso tempo.

Só o coração que atingiu certo grau de maturidade é capaz de uma sincera doação de si: doação esta que se define como uma das expressões mais curativas do amor. Se amor é doação, a pessoa frustrada no amor não será somente aquela que "não recebe", mas, também, aquela que não o sabe ofertar.

Trilhemos, ainda que de forma sintética, o caminho de desenvolvimento do amor a partir dos estágios da vida humana, a fim de melhor percebermos sua dinâmica em cada período de nossa história.

A infância é, por excelência, o estágio humano do amor eminentemente receptivo. Ela é compreendida por Erikson como o estágio do desenvolvimento da confiança, da autonomia, da iniciativa, da capacidade lúdica e da atividade (da capacidade operativa de fazer coisas).[101] Essa é uma etapa de fundamental importância, pois sinalizará concretamente os futuros rumos afetivo/emocionais do coração em questão.

A criança não tem uma grande capacidade de amar oblativamente e de ofertar o amor, visto que ela ainda não o recebeu e por isso não o consegue doar a outros. Seu coração ainda não possui as capacidades afetivas e racionais que

---

101 Para maior aprofundamento, ler: Linn, M.; Linn, S.; Linn, D. *Cura dos Oito Estágios da Vida.*

a possibilitariam transcender essa ausência (que um adulto, no caso, possui). Ela só consegue receber o amor, sendo essa sua fundamental exigência, e isso em virtude de sua extrema necessidade de afeto e acolhida.

Se este estágio não for bem vivenciado e acompanhado por adultos afetivamente ativos (que abracem a criança, que a acolham e que a ela manifestem carinho etc.), poderá produzir feridas e marcas de difícil recuperação, sendo estas as principais causadoras das carências e machucaduras afetivo/emocionais. A criança tem uma aguda necessidade de se sentir acolhida, de sentir o toque (o abraço etc.) e a presença dos adultos, sendo essa a sua singular reivindicação afetiva.

Ressalto que toda criança possui uma sensibilidade extremamente aguçada, o que pode levá-la a se sentir facilmente rejeitada, desprezada e até culpada, e isso pelo fato de, com muita facilidade, conseguir captar todas as ações e reações daqueles que com ela convivem.

Uma criança que vive sua infância em um sadio contato com os adultos, recebendo deles um contínuo amor afetivo manifestado pela acolhida e presença, será capaz de dar os primeiros e significativos passos na caminhada rumo ao amor maduro, sendo posteriormente capaz de amar de maneira livre e autônoma.

São várias as etapas na vida de um ser humano que o preparam para a vivência do amor pleno, dentre as quais a infância possui sempre uma importância primordial. Quando recebem um concreto amor e a aprovação por parte dos adultos, as crianças encontram em si a segurança e a confiança[102] necessárias para bem desenvolver sua identidade (e personalidade), concebendo e expressando sua individualidade com inteireza.

Concluo afirmando que a infância é o estágio do desenvolvimento humano no qual se deve apenas receber o amor, visto que — nesta fase — tal necessidade é essencial para que o ser humano amadureça afetiva e emocionalmente.

Todos os estágios humanos devem ser vividos em plenitude, sem queimar ou subtrair etapa, pois quando isso não acontece, mais cedo ou mais tarde aparecerão as infelizes consequências que se expressarão em comportamentos desajustados e desequilibrados, podendo desembocar em vícios, perversões sexuais e inúmeras outras desordens.

Reflitamos agora sobre a adolescência.

Este estágio acontece através de um complexo processo de descobrimento do próprio ser (corpo, instintos, sentimentos e emoções) e de descoberta do sexo oposto, com todos os apelos e estímulos de tal realidade: a atração afetiva/sexual, uma necessidade intensa de relacionamentos interpessoais, a busca de constantes respostas afetivas etc.

O adolescente é essencialmente inconstante. A inconstância, nesse período, é natural e não representa — neces-

---

102 Chamada por Erikson de "confiança básica" (cf. Idem, pp. 40-43).

sariamente — um desajuste. Ela será fruto da busca que o adolescente empreende ao tentar se adaptar ao fato de não ser mais criança e, ao mesmo tempo, não ser ainda um adulto. Enfim, ele é alguém que está sempre "se procurando" e buscando o seu lugar na sociedade: diante de um corpo em constante mutação, seu coração experiencia um constante conflito na procura de construir uma nova identidade e de se afirmar no mundo (esta é a interna necessidade que o habita).

Por detrás de comportamentos agressivos e complexos, como a rebeldia ou o isolamento, se ocultam muitíssimos processos psicológicos que buscam organizar o turbilhão de energia (sensações, desejos, sentimentos) presente em seu interior e em suas percepções.

A adolescência é uma espécie de renascimento no qual se procura revisar tudo o que foi vivido na infância para, a partir disso, construir uma nova identidade: um novo jeito de ser e se relacionar.

Frequentemente tais transformações são experienciadas pelo adolescente de maneira confusa e, muitas vezes, traumática. Esses traumas e complicações poderão, obviamente, ser amenizados se ele receber um acompanhamento adequado e afetuoso por parte dos adultos (de seus genitores ou daqueles que realizam tal papel), que os deverão auxiliar na gerência de seus conflitos e na busca de uma forma madura de integrar seus interesses, aspirações e instintos.

Para que esse desenvolvimento ocorra de maneira saudável, será de fundamental importância que os adultos ofereçam ao adolescente uma constante abertura ao diálogo, acolhendo-o em suas angústias, o que será, logicamente, desafiante (para o adulto), mas que poderá redundar em maravilhosos frutos de amadurecimento afetivo/emocional para seu inquieto coração.

O adulto precisará cultivar uma postura de diálogo: um diálogo que seja compreensivo e que possa auxiliar o coração adolescente a compreender as mutações e tensões que são próprias desta fase.

O adolescente se sente, de maneira muito peculiar, carente e desejoso de experiências profundas que produzam afeto e proximidade. E isso, como já foi expresso, principalmente em sua dimensão instintiva/sexual. Em virtude de tal realidade, será de singular importância que o adulto lhe ofereça um diálogo que ajude a bem gerir os conflitos oriundos do "despertar" destas desconhecidas energias (a libido, os desejos de interação interpessoal etc.), auxiliando-o a direcioná-las de maneira sadia e orientada para o amor. Assim, será possível o desenvolvimento de um correto "desabrochar sexual", que será experienciado de forma saudável, colocando o coração na rota do verdadeiro amadurecimento no amor.

O adolescente que não for bem acompanhado neste estágio de sua existência correrá o sério risco de sucumbir diante de suas inúmeras carências afetivas, aprisionando-se nos apelos de uma sociedade impregnada de permissivida-de[103] e hedonismo.[104]

Enfim, a partir de tais compreensões que nos levaram a entender o grande potencial de amor e interação presentes no adolescente, enfatizamos ser este um estágio (simultanea-mente com a puberdade) de importância ímpar no desenvol-vimento afetivo/emocional de qualquer pessoa. Nesta fase, o adolescente precisará aprender a se dominar e a consequen-temente se ofertar, construindo sua identidade e aprenden-do a direcionar o seu potencial e energia para o amor.

Assim serão lançadas as bases para o posterior diálogo pautado no respeito e no amor (adulto), a ser protagonizado no casamento e em outras humanas relações: amizades, rela-cionamentos familiares etc. Por tal motivo, acreditamos ser este um estágio no qual o coração se exercita para posterior-mente vivenciar o amor de forma total e madura.

Tal treinamento para o concreto exercício do amor se dará, principalmente, através da vivência de amizades sadias que possam acrescentar em afeto e humanidade[105], visto que

---

103 O que o levará afirmar de forma inconsequente: "Todo mundo faz... então é normal e eu vou fazer também. Vou viver uma sexualidade animal: de qualquer jeito, de qualquer forma e com qualquer um...".

104 Cultura do prazer pelo prazer, de um prazer apenas instintivo e animal, sem com-promisso e sem buscar o bem do outro.

105 Treinando para o exercício de um amor superior que não se resuma apenas à dimen-são instintivo/carnal (na qual se utiliza o outro como um objeto, que serve apenas para satisfazer o apetite sexual etc.).

os adolescentes são extremamente necessitados de amigos e de um grupo que os acolha (eles possuem a necessidade de pertença a um grupo). Tais relacionamentos precisam ser motivados e bem acompanhados (a fim de se podar os excessos), pois serão essenciais para o bom desenvolvimento do adolescente na direção do amor, assim matriculando-o na escola do diálogo e da oferta de si.

A interação com os outros e o interesse a eles manifestado deverá constituir-se como a preparação para uma posterior doação no amor, vivenciada nos sucessivos estágios de sua existência. Tal preparação se manifestará através de pequenas doações de si, por meio de uma constante abertura para acolher as diferenças dos demais (em especial as diferenças sexuais, entre um homem e uma mulher, por exemplo).

O adolescente, neste peculiar caminho de "exercício para a vivência do amor", será capaz de se ofertar aos outros com grande generosidade, porém, na maioria das vezes, tal atitude não encontrará clareza dentro dele. Por isso é necessário que ele seja bem acompanhado neste processo, para não se perder em si mesmo e conseguir desenvolver a alteridade necessária ao processo de amadurecimento emocional.

Por fim, apresento a definição de E. Erikson no tocante a este estágio: trata-se da fase da "descoberta e da solidificação da própria identidade"[106] (o que está implícito no que acima afirmamos).

---

106 Para maior aprofundamento, ler: Idem.

Lancemo-nos agora à reflexão acerca da juventude.

Este estágio é considerado como a fase da concreta experiência do amor, visto que ele já permite decisões e opções que possuem um caráter mais definitivo (menos mutacional). Neste período, o amor começa já a revelar seus enredos e encantos. Todavia, para que essa experiência possa bem acontecer, será extremamente necessário um contexto que possibilite uma sincera e recíproca doação, o qual favoreça o diálogo e o conhecimento mútuo.

Para solidificação de tal experiência será necessário um verdadeiro ambiente de fidelidade, diálogo, respeito e perdão recíproco. Como dizia o filósofo Kierkegaard, "o amor só se aperfeiçoa na fidelidade",[107] visto que ele só consegue fincar suas raízes em ambientes que se tornam propícios e férteis para sua real continuidade.

A experiência do namoro não necessariamente significará uma experiência de amor pleno, visto que tal experiência exigirá profundidade e maduro conhecimento, realidades que poderão acontecer somente com o tempo. A partir da conquista dessa intimidade, o jovem se tornará apto a viver uma interação harmoniosa em seu namoro, com isso descobrindo a sincera alegria de poder partilhar-se e confiar no outro, para juntos assumirem um caminho de crescimento rumo à maturidade.

A juventude é definida por E. Erikson como o estágio da intimidade,[108] no qual o jovem experimenta a interna

---

107 KIERKEGAARD, Soren. *O Desespero Humano*
108 Para maior aprofundamento, ler: LINN, M.; LINN, S.; LINN, D. Op. cit.

necessidade de aprofundar seus relacionamentos e sua entrega a alguém. Para Erikson, existe um específico poder curador no exercício de uma sincera intimidade, a qual — quando vivida de forma sadia — pode curar e equilibrar inúmeros aspectos da personalidade humana.

Resumindo, a juventude é a fase da experiência mais acentuada do amor, sendo o estágio do desenvolvimento humano no qual se aprende a, concretamente, amar e ser amado: enfrentando desafios, vencendo egoísmos, construindo sinceras e profundas interações.

Reflitamos agora sobre a fase adulta.

O adulto, fundamentalmente, se oferta aos outros. Ao contrário da criança, que é essencialmente egocêntrica e tem uma latente necessidade de apenas receber amor, o adulto tem a missão (e, quando equilibrado, a natural inclinação) de oferecer, com inteireza, o seu afeto a outros corações.

Erikson compreende esta fase como o estágio da reprodutividade,[109] onde se deve amar gerando vida (ofertando afeto) e apresentando um legado para o mundo e para a sociedade. Muitas das crises experienciadas pelo adulto nascerão de questionamentos como: O que eu fiz de minha vida até aqui? O que eu já consegui conquistar e realizar? O que acrescentei ao mundo e às pessoas que comigo convivem? Qual legado deixarei para as futuras gerações?

---

109 Para maior aprofundamento, ler: Idem.

No entanto, a resposta a muitas das crises próprias a este período virá através daquilo que E. Erikson chama de "dedicação reprodutiva". O adulto carrega a interna (e psicológica) exigência de apresentar à vida os "frutos" de sua história. Ele sente a necessidade de contabilizar o que fez e conquistou até então.

Para se desenvolver em todas as suas potencialidades e aspirações, ele precisará concretizar todo o potencial de cuidado e amor presentes em si, oferecendo-os de alguma forma ao mundo (e às pessoas) em uma concreta dedicação vivaz e produtiva.

Ele sente a interior inclinação para concretizar, de forma total e intensa, a "vida do amor": determinada pela entrega de todo o ser ao outro e a outros, num processo dinâmico e continuado de integração e amor.

Enfim, a fase adulta (e, consequentemente, a velhice) é a fase da concreta vivência do amor (oblatividade). Este é o estágio no qual o ser humano precisa intensamente ofertar o seu amor (por mais imperfeito e pequeno que seja), com generosidade e decisão, sem exigir a atenção e o afeto próprios a uma criança.

É claro que o adulto (e quem está na velhice) também necessita de amor cuidado, todavia, essa exigência não pode mais ser infantil e autocentrada.

Nesta fase, o coração precisará desprender-se das egoístas formas de se relacionar, as quais visam apenas receber e nunca oferecer afeto, para assim se lançar na aventura de amar verdadeiramente, tornando sua vida um dom para os outros.

No entanto, o que atualmente se verifica — em inúmeras circunstâncias — é o contrário. Existem muitos adultos (como também pessoas na melhor idade) que possuem afetos e emoções acentuadamente infantis, visto que permanecem estacionados nas exigências afetivas próprias a crianças de colo, que buscam apenas exigir afeto e atenção (em uma constante carência) sem jamais os conseguir livremente ofertar.

Em muitos destes casos, a idade cronológica do indivíduo em questão não se equiparará à sua idade afetiva, pois, mesmo colecionando décadas de vida, seus afetos permaneceram estacionados nos "cindo anos de idade" (por exemplo), sendo que claramente expressam isso, sendo profundamente egoísta e carente na forma de se relacionar e experienciar o amor.

Quero aqui pessoalmente refletir, propondo também a você os seguintes questionamentos: como tenho vivido meus relacionamentos? Tenho conseguido ofertar e receber amor segundo a minha idade cronológica? Posso dizer que sou uma pessoa madura no amor? Minha idade afetiva corresponde à minha idade cronológica? Em meus relacionamentos imperam ciúmes, sentimentos de posse, dominação, submissão exagerada ou insegurança afetiva? Em quais áreas de minha história necessito de cura afetiva e emocional?

Para que nos tornemos pessoas verdadeiramente felizes, se fará extremamente necessário buscarmos a maturidade em nossos afetos e emoções, o que só será possível por meio da cura das feridas de nossa história. Muitas dessas feridas são frutos, por exemplo, de uma infância e adolescência conflituosas e sem afeto, as quais precisam hoje ser curadas e ressignificadas pela força do amor.

Abramo-nos, sem medo, à vivência do amor. Amemos e nos permitamos amar, principalmente por Deus, que em nós acredita e que quer transformar em Seu amor todos os nossos afetos e emoções, inserindo-os em uma contínua primavera de superação.

De tal forma, poderemos alcançar a liberdade interior que nos fará superar os apelos internos que nos arrastam ao mal, também nos possibilitando romper os inúmeros cativeiros emocionais que muito nos perturbam e aprisionam. Assim seremos capazes de existir como pessoas inteiras[110] e aptas a conquistar uma verdadeira felicidade, a qual deseja ardentemente se instalar nos enredos que compõem nossa história e nosso coração.

## TODOS TE ESPERAM NA SALA

*Sei que o relógio não para.*
*A química do tempo, impiedosa, persiste,*
*com sedução e crueldade.*
*Em quantos lugares já não me esqueci,*

---

110 Não aprisionadas às dores e feridas do passado.

deixando pedaços de mim por experiências
e olhares?

Rendo-me! Desisto de o tempo perder
gabando-me por ser infeliz,
esquecendo meus pedaços em um passado de dor.

Quero ser inteiro!

Quero me encontrar para me devolver
àqueles que amo,

pois sei que a alquimia do tempo comporta
"crueldade",

sepultando-me em terrenos distantes daqui.

Basta!

Hoje não quero mais chorar.

Desejo música e olhares de esperança!

Retirem a pedra... quero viver!

Desejo leveza e luz sobre minhas pálpebras...

Pra que chorar de saudade por aquilo que
ainda se pode amar?

Sempre há tempo.

Necessário é acordar.

Levanta-te!

Sepulta nas tardes da memória o que não
merece mais voltar:

reacende, com a chama do perdão,
o afeto outrora adormecido.

*Enfim.*
*Ressuscita!*
*Que a beleza desta canção te devolva a luz*
*do sonho,*
*que, em verdade,*
*em ti nunca se apagou.*
*Levanta e vê: não há mais pedra...*
*Todos te esperam na sala!*

(Pe. Adriano Zandoná)

# O desafio de amar e superar conflitos, território privilegiado para nossa cura profunda

Neste lindo percurso de travessia que realizamos, em busca da cura de nossos afetos e emoções, precisaremos — como já foi evidenciado — nos lançar com coragem na aventura de amar e sermos amados. Não haverá outro caminho. Se quisermos alcançar essa cura, para sermos felizes, precisaremos adentrar no universo dos relacionamentos com a firme decisão de amar verdadeiramente.

Quem não se relaciona pode até se machucar menos; contudo, não amadurece, não se realiza e não é feliz.

Não somos ilhas. Não fomos feitos para viver isolados, reféns de feridas que não nos permitam viver novas interações. Somos seres relacionais e trazemos a necessidade de vivenciar relacionamentos saudáveis, que ofereçam significado à nossa vida e consolo em meio as nossas muitas lutas.

Sei que muitas vezes isso não é fácil, visto que todos — em alguma medida — já vivemos desencontros na vivência do amor. Isso em qualquer tipo de relacionamento (não apenas na vivência de um namoro ou casamento): já nos sentimos, muitas vezes, rejeitados ou traídos, ou, sentimos que as pessoas não nos valorizaram e respeitaram o bastante, ou, ainda, percebemos que os outros não corresponderam ao que esperávamos etc.

Amar é um concreto desafio, visto que somos pessoas incompletas e ninguém poderá nos preencher totalmente, nem ser tudo aquilo que queremos e esperamos. Por isso, muitas vezes temos dificuldade de nos sentir amados, e acabamos sendo injustos com os outros por exigir o que eles não podem nos oferecer.

A psicanálise evidencia que, a partir do momento que rompemos o processo de simbiose com nossa mãe,[111] iniciamos a dinâmica da construção de nossos relacionamentos com outras pessoas e começamos a romper o egocentrismo infantil. Contudo, começamos também a sentir que somos

---

[111] A criança vive um processo de fusão com sua mãe no qual acredita que ela e mãe são uma só pessoa. Todavia, quando a criança começa a crescer acontece o rompimento dessa fusão (simbiose), através da qual a criança percebe que é um outro ser. Neste momento ela se sente sozinha e experimenta sua incompletude, contudo, a partir deste momento ela (criança) começa a perceber que não é o centro de tudo e se abre para o relacionamento com outras pessoas, inserindo-se gradativamente no mundo (socializando-se).

seres incompletos, e percebemos que em nós há algo que precisa ser preenchido.

Assim como nós, as outras pessoas também vivem essa experiência de fragilidade e incompletude, e assim precisam ser compreendidas e acolhidas. Não podemos buscar satisfazer todos os nossos anseios, incompletudes e necessidades à custa dos outros. Isso eles não poderão fazer por nós.

O amadurecimento acontece quando nos tornamos capazes de romper a imagem que projetamos acerca dos outros, a qual nos faz esperar que eles nos completem e saciem em tudo. Para amadurecer, o coração precisará acolher o que as pessoas realmente são:compreendendo e recebendo o que eles realmente são capazes denos oferecer (sem construir expectativas irreais).

As projeções que lançamos sobre aqueles que conosco se relacionam e,o desejo que eles preencham tudo o que nos falta, torna-se — na maioria das vezes — o principal responsável pelo insucesso e insatisfação em nossos relacionamentos. Necessário será cultivar a humildade e a honestidade para reconhecer que nos falta algo (que não somos perfeitos e completos), compreendendo também esse dilema humano presente em outros corações.

Para viver bem e alcançar a felicidade na atitude de amar e ser amado, precisaremos aprender a diminuir nossas projeções, desenvolvendo a capacidade de bem administrar esse "encontro de incompletos e feridos" que desejam conviver e ser felizes.

Existem vazios dentro de nós que ninguém será capaz de preencher. Somente Aquele que nos criou, Deus, é capaz de sondar e completar nossas ausências mais profundas. A consciência de tal realidade precisa estar sempre presente em nós, a fim de que lancemos sobre Ele aquilo que apenas Seu amor pode sanar e completar.

No processo de compreensão das realidades evidenciadas, rumo à maturidade no amor para sermos felizes, encontraremos alguns exigentes degraus rumo ao êxito;obstáculos que precisaremos pacientemente superar.

Nossa atual sociedade acabou como que impondo sobre as pessoas a exigência de terem que se mostrar sempre perfeitos(as) e felizes. É a "ditadura da felicidade", em uma errada compreensão do que seja ser feliz, que nos faz acreditar que nossos relacionamentos precisam ser sempre perfeitos e que tudo em nós precisa ser lindo e estar bem: temos que constantemente mostrar a todos que estamos prontos e felizes, o que muitas vezes não corresponde a nossa concreta realidade.

Muitas vezes nossa vida e relacionamentos não estarãosempre bem nem totalmente felizes, e não há qualquer problema nisso... É preciso ter humildade para saber enfrentar esses momentos com serenidade, sabendo deles extrair aprendizado e firmando — a partir das dificuldades — os alicerces mais sólidos de nossas relações. Todo processo de cura para amar melhor passa por momentos de infelicidade, desafios e desencontros. Isso é natural. Não estamos prontos — estamos "nos fazendo" à medida em que vivemos e amamos — e não sabemos tudo.

Para sermos capazes de amar de verdade, vivendo relacionamentos mais harmônicos, precisaremos aprender a acolher e aceitar o que em nós — e no outro — não é tão harmônico e feliz. Isso comportará, sem dúvida, sofrimento. Todavia, o amor e a satisfatória conciliação em um relacionamento só serão alcançados através de algumas doses de sofrimento (devidamente enfrentado e superado) e de uma constante abertura para conversar e viver a reconciliação.

As dificuldades encontradas em um relacionamento não são um sinal de que ele não vai dar certo...Dificuldades, diferenças e desencontros são normais em qualquer relacionamento, visto que cada um(a) possui uma específica forma de ser e pensar. É preciso viver a aventura de amar com perseverança e continuidade, sem estacionar nas dificuldades que aparecerem.

São as dificuldades que fazem o amor crescer e amadurecer e, quando elas são superadas em união com aqueles(as) que amamos e caminham conosco, a vitória será a inteira consequência que nos visitará ao longo do caminho. Como dizia C. S. Lewis: "Os fracassos e dificuldades são os postes sinalizando o caminho para o sucesso."

Precisamos nos empenhar para amar com perseverança, lutando para superar dificuldades e diferenças, e chegando a pontos comuns na interação relacional. Somos diferentes (cada um(a) é único) e, para que sejamos realmente felizes, será necessário muita abertura para compreender o outro a partir de sua realidade específica.

**A compreensão é uma das mais belas consequências do amor.** Ela consiste na atitude de serenamente buscar entender, antes de julgar e condenar. Sua atividade leva o coração ao empenho de compreender as razões que levaram tal pessoa a ser o que é e a crer no que crê.

**A compreensão gera o conhecimento e, por fim, o interesse.** Ela leva o coração a se interessar pelo que o outro vive e é, e o faz gastar tempo na atividade de desvendar o mecanismo que o move (o outro) e as razões que se escondem em suas escolhas.

A compreensão nos leva a integrar as diferenças, que são um ingrediente presente em qualquer relação, seja conjugal, familiar ou profissional. Essa linda virtude nos insere no universo de símbolos e valores que compõe os outros, fazendo-nos perceber o que eles buscam e no que eles especificamente diferem de nós.

As diferençassão, sem dúvida, desafiantes, entretanto, elas podem muito convergir a nosso favor, libertando-nos da mesmice e monotonia que desejam assassinar nossa alegria cotidiana.Alguém diferente nos desinstala e nos mostra, a todo momento, um jeito novo de enfrentar a vida e de responder a cada realidade.

**Diante de diferenças a necessidade é priorizar o que une, não o que separa.** Será necessário evidenciar os pontos comuns, sabendo conversar sobre tudo, partilhandoos pontos de vista e dividindoas reponsabilidades, enfim, dando vida ao amor.

A atitude de saber aprender com as diferenças alheias, e o respeito pela peculiaridade de cada um(a), faz-se extremamente necessário para que alcancemos graus cada vez mais altos de conciliação e assim sejamos felizes no exercício do amor.

Isso exigirá empenho e dedicação de nossa parte, pois muitas das mudanças que esperamos nos outros só irão acontecer quando mudarmos nossas atitudes e nossa forma de enxergar a realidade. Como dizia Platão: "Tente mover o mundo — o primeiro passo será mover a si mesmo."

A melhor forma de movermos a nós mesmos para mover o mundo é amar sinceramente. **O amor é a força mais poderosa do mundo.** É o elo que liga pessoas e que solidifica a interação de umas com as outras e com Deus.

O verdadeiro amor não depende apenas de quem recebe o amor. A pessoa que ama decide amar mesmo em condições adversas (porque quer amar), e persevera na atitude de compreender e ter iniciativas de afeto (não espera só receber). O amor é uma decisão poderosa, que nos acrescenta muito, afinal, como diz esta linda citação: "(...) amem-se sinceramente uns aos outros, porque o amor apaga muitíssimos erros" (1 Pedro 4,8).

Concluo este capítulo partilhando a história de um casal que tive a alegria de conhecer e acompanhar. Eles eram muito diferentes e viveram muitíssimos conflitos ao longo de seu relacionamento: entre si, com os familiares de ambos os lados, com pessoas amigas. Enfim, eles pensavam de forma muito diversa, e suas famílias possuíam uma educação e uma cultura praticamente opostas.

Todavia, eles se decidiram a amar um ao outro e a não desistir em virtude dos primeiros fracassos em sua interação. Cultivaram a paciênciamútua e, aos poucos, foram se encontrando verdadeiramente naquilo que genuinamente habitava seus corações.

Eles tiveram muitos desacordos e divergências ao longo do namoro, noivado e no início do casamento, no entanto, foram aprendendo um sobre o outro e começaram — gradativamente — a se compreender, aceitar e amar. Enfrentaram muitos fracassos e decepções, nos quais cada qual deixou o egoísmo e o desafeto falarem mais alto. Entretanto, aos poucos eles foram realmente descobrindo e compreendendo um ao outro, e assim surgiu um genuíno e mútuo interesse.

Eles passaram a conversar sobre tudo, e a buscar sempre encontrar a melhor forma — a consensual — para decidir e conduzir todas as coisas. Tal casal foi percebendo que, não obstante suas muitas diferenças, eles tinham mais coisas em comum do que antes imaginavam, e só conseguiram isso perceber quando passaram a conversar com mais calma e respeito.

É claro que ambos precisaram ceder e superar o próprio orgulho e comodismo, em várias circunstâncias, entretanto, o amor foi crescendo e assim eles conseguiram se respeitar e admirar mutuamente.

Certa vez a esposa me disse: "Meu esposo não é — nem de longe — a pessoa que eu imaginei e desejei... Ele não correspondeu ao que eu esperava nem completou os meus vazios e projeções. Estou descobrindo a pessoa que ele verdadeiramente é (que não é nada do que eu esperava), e, confesso que, estou me apaixonando intensamente por essa pessoa que estou conhecendo... A pessoa que realmente é."

Enfim, eles chegaram a um ponto de maturidade na relação, a partir do qual se tornaram capazes de compreender e admirar um ao outro, desenvolvendo também a compaixão para tolerar as imperfeições e fraquezas que estavam presentes em suas histórias e corações. Este casal não desistiu diante das primeiras dificuldades.

Eles foram honestos o bastante para reconhecer e enfrentar os conflitos. Este enfrentamento os fez muito conversar, e assim eles puderam melhor se entender para gradativamente construir a harmonia, fazendo o amor vencer nos difíceis enredos que habitavam essa relação.

Sei que existem circunstâncias mais complexas, nas quais as feridas e diferenças são enormes e a disposição para mudar e construir a comunhão é muito pequena (e aí está o verdadeiro problema). Todavia, afirmo que, onde houver disposição no coração e coragem para compreender e amar, sempre haverá a possibilidade de transformar qualquer realidade, fazendo com que o exercício do amor — o único verdadeiramente capaz de curar nossos afetos e emoções — aconteça e nos torne pessoas mais felizes e aptas a viver com qualidade.

Abramo-nos para que Deus nos ame, vivendo um concreto e constante relacionamento com Ele, e permitamos também que as pessoas nos encontrem e amem (isso em todos os âmbitos de nossa vida). Será este o campo necessário para o florescimento de nossas curas e transformações mais profundas. Não tenhamos medo de amar e de reconstruir nossos relacionamentos.

De nossa parte, cultivemos a disposição para amar e compreender os demais, a fim de que o amor que ofertamos e recebemos realize uma obra de ressurreição em nós e naqueles que conosco convivem. Assim prosseguiremos em nossa travessia da cura afetiva e emocional, e seremos capazes de conquistar uma verdadeira felicidade: realidade tão necessária à nossa vida e coração.

# *Epílogo*
# Reacendendo a coragem de sonhar — a força da palavra não dita...

*"A felicidade é um bem que se multiplica ao ser dividido."*[112]
(Maxwell Maltz)[113]

Quero, se você me permite, concluir este livro com leveza e poesia. Este será um capítulo em estado de poema. Sinto-me à vontade para fazê-lo; contudo, não desejo com isso ofender qualquer procura e percepção. Enfim, desejo apenas expressar, com o auxílio do lúdico, o que aprendi a crer e propor.

A proposta é: reacender em mim e em você a chama que nos impulsiona a sonhar! Quero, pela força das palavras,

112 MALTZ, Maxwell. *Liberte sua Personalidade:* Uma nova maneira de dar mais vida à sua vida.
113 Psicólogo norte-americano que desenvolveu a Psicocibernética, um sistema usado para melhorar a autoimagem e autoconfiança das pessoas.

acender fagulhas em seu coração. Luzes matinais, que desper-
tem em você o melhor, reacendendo-lhe a coragem de sonhar
e novamente acreditar! Enfim, vejo-o como águia, que pode
voar infinitamente mais alto que então...

Afirmo, como Álvaro de Campos, que também "trago
em mim todos os sonhos do mundo":[114]

> Trago dentro do meu coração,
>
> como num cofre que se não pode fechar de cheio,
>
> todos os lugares onde estive,
>
> todos os portos a que cheguei,
>
> todas as paisagens que vi através de janelas ou vigias,
>
> ou de tombadilhos, sonhando,
>
> e tudo isso, que é tanto, é pouco para o que eu
> quero...[115]

Meu coração foi, aos poucos, aprendendo a se expandir.
Creio que o seu coração assim também anseie, desejando
sonhos que acrescentem vida e esperança.

Sonhos que valham a pena, que sejam possíveis, que
preparem cafés, iniciem felicidades — enfim, que nos façam
voar... Quero vê-lo crescer, acreditando na força das palavras
que em você descansam. Elas, às vezes, permanecem ocultadas pela descrença, sufocadas pelas dores de antigas noites.

---

114 Campos, Álvaro de. *Tabacaria.*
115 Idem. *Passagem das Horas.*

Escuridão: ausências de luz que em alguns momentos nos visitam!

Desejo saciar a ânsia de felicidade em mim anunciada, a qual, por sua vez, percorrerá — sem indiscreta altivez — o espaço que me foi confiado nestas brancas e despovoadas páginas. Paciência... nelas ainda não há letras, quem dera palavras. Nelas ainda é caos, onde o Espírito repousa sobre as águas, aguardando a chegada da Palavra que engravida o mundo.

"Faça-se..." Afinal, tudo começa pela palavra.[116] Por isso creio, incontestado, no encanto e poder das palavras. Confesso. Elas me recriam e transformam. Quando as vejo quero, também eu, ser criador... criar vida "a partir do nada", e isso através do ofício de descansar minha caneta sobre o papel que está em branco.

Acredito que inspiração, caneta e papel são lugares de Encarnação. Neles Deus se mostra e se esconde em uma dança de luzes, levando-me a procurá-Lo com ainda mais desejo... Assim Ele satisfaz minhas ausências e completa minha incontida ânsia de ser feliz, me ensinando a ensinar e aprender, para, assim, poder inaugurar esperas e preparar encontros.

O que mais encanta na literatura é o vazio. Vazio inaugurado pela sedução das palavras! As palavras surpreendem, ainda mais quando estão em estado de sabedoria... Guimarães

---

116 Cf. Gênesis 1,3-31.

Rosa um dia concluiu: "Aquilo que eu vou saber sem saber eu já sabia."[117] E é justamente isso que uma palavra em estado de sabedoria realiza: desvela aquilo que já morava no peito, visto que ele isso já intuía; contudo, sem totalmente compreender tal realidade, sabia sentir, mas não sabia expressar com palavras.

Perco-me e encontro-me neste processo (sem qualquer demagogia). Brinco com as palavras e elas brincam comigo. Procuro minha alma com elas reconciliar, pois, às vezes, elas muito me maltratam. Seduzem-me, visitando-me de noite. Tocam-me com encanto e, silenciosamente, tornam a ir embora... deixando apenas o vazio.

Não quero que seja assim! Prefiro o aconchego de suas sílabas e letras acontecendo em algum canto de mim, aí permanecendo. Descansando em minhas pálpebras e sangue, em estado de poesia e metamorfose. Se não é assim, definitivamente, o que permanece é o vazio: incompletude deixada pela ausência de palavras... incompletude que aguarda ansiosa a visita da inspiração!

Aprendi a acreditar na força dos símbolos e na criativa vida que perpassa o lúdico (sua intuição e fantasia...). Assim é mais seguro, pois clareza demais pode ofuscar sem fazer pensar... com isso confundindo o coração.

Eu prefiro mesmo é o aconchego de uma boa estória. Nela me reconcilio com as palavras, aprendendo a brincar com sílabas e acentos, e recrio mundos a partir de um encontro: caneta e inspiração!

---

117 ROSA, João Guimarães. *Tutameia*.

Aprendi tal realidade com a dona Bárbara e com Jesus Cristo. Os dois gostam de contar estórias, cada um, é claro, a seu modo e com o encanto que lhe é próprio.

Suas estórias sempre me reacenderam, despertando em mim sonhos que nem eu sabia que carregava. Minha mãe, meu pai, e suas estórias (*risos*)... Algumas "cabeludas" (às vezes, eles "forçavam" um pouco...), mas sempre muito sábias. Elas me revelavam verdade, preparando-me para ser o que na vida eu deveria.

Suas estórias me furtavam à nefasta sedução de uma clareza excessiva, lambuzando-me em criativa simplicidade e fazendo-me enxergar a vida com olhos mais atentos aos detalhes. "Filho, você tem que rezar todas as noites, senão..." Eita criatividade (*risos*)! Mãe, fique tranquila. Funcionou!

Quando minhas mãos eram pequenas, as pálidas mãos de minha mãe as encontraram e nelas depositaram um terço azul. Naqueles dias ela me contou — sem qualquer materno ciúme — que havia uma outra Mãe, linda, e a qual eu muito deveria amar. Deveria amá-la para sempre! "Todas as tardes", replicou dona Bárbara, "ela virá visitar você". É verdade, mãe! Neste ponto, a senhora foi clara, sem qualquer exagero ou hipérbole... Bem que a senhora disse, os olhos dela são lindos!

Dona Bárbara me ensinou a amar o que é eterno e, também, a valorizar o tempo presente, afinal, como bem afirmou Goethe: "Na plenitude da felicidade, cada dia é uma vida inteira",[118] e apenas no dia de hoje se pode crescer e conquistar a felicidade.

A não mentir, ela me ensinou também. Existe um código profundo que nos une (eu, ela, meu pai), mesmo quando quilômetros querem a isso contestar. Engraçado, não é, mãe? O amor tem dessas coisas! Não fique triste aí na cozinha de seus medos, pois ele, o amor, nos une para sempre!

E as estórias de Jesus? Como me fazem bem! Reacendem em mim belezas adormecidas, me dando ainda mais coragem para sonhar. Confesso que elas foram incrementadas pelas de minha mãe e a simétrica união desses dois "estilos literários" ensinou-me a sonhar grande... bem mais alto do que antes!

Fez-me sonhar ser o que na verdade já sou... em algum lugar. Não tive escolha: decidi descobrir quem eu era e onde eu me ocultava até então... Verdade! A vida nos apresenta tantos personagens que às vezes fica difícil saber qual deles não somos...

Jesus me fez sonhar de novo, revelando-me quem sou e me despertando para sonhos mais ousados. Ele me fez sonhar, sonhar, sonhar... me ensinou a sonhar felicidades. Acabei aprendendo! Nisso muito acredito e sempre convido a felicidade para visitar a gente. Essa tal felicidade! Jesus, contando Suas simples estórias, ensinou-me a todos os dias sonhar com ela, convidando-a para lanchar em casa.

---

118 GOETHE, Johann Wolfgang von. *Otimismo em Gotas*.

Um grande sábio certa vez disse: "A felicidade que procurais, a felicidade a que tendes direito [...] tem um nome, um rosto: é Jesus".[119] Como gostei de me refazer pelo encanto presente nestas palavras. Elas, sem qualquer prejuízo, reacenderam-me para sonhos maiores do que os que era capaz de conceber!

E como o Bernardo Soares (heterônimo de Fernando Pessoa) certa vez escreveu: "Matar o sonho é matarmo-nos. É mutilar nossa alma. O sonho é o que temos de realmente nosso!"[120]. Não mais matarei meus sonhos... lutarei por eles até o fim, reconciliando-me com as palavras e inaugurando incontidas esperanças, verdadeiras felicidades. Sim, no plural, visto que não são apenas para mim. Nelas cabem muitos corações!

Quero dar ainda mais vida a meus sonhos. Quero muito refletir diante das palavras, defronte das estórias d'Este que é a Felicidade. Quero refletir em Suas palavras, pois moro nelas, elas são a minha casa!

Aristóteles dizia que "o ignorante afirma, o sábio duvida e o sensato reflete". Então, amigo, confesso: hoje quero sensatez! Não quero temer a solidão de ficar a sós, a sós com as palavras, como nesta noite. Minha solidão é a possibilidade de um encontro: encontro com a inspiração... e, consequentemente, com a Palavra.

---

119 Bento XVI. Discurso em 18.08.2005.
120 SOARES, Bernardo. *Livro do Desassossego.*

Inspiração? Volte aqui... Não me abandone, ingrata e desleal companheira! Prometo que farei as pazes com a solidão, volte!

Recordo-me das palavras de Nietzsche[121] acerca da solidão. Palavras sozinhas, mas com um cheiro de solidão criativa, palavras diluídas em estado de poema:

> Ó solidão! Solidão, meu lar!...
>
> Tua voz — ela me fala com ternura e felicidade!
>
> Não discutimos. Não queixamos,
>
> e muitas vezes caminhamos juntos
>
> através de portas abertas.
>
> Pois ali onde quer que estás,
>
> ali as coisas são abertas e luminosas.
>
> E até mesmo as horas caminham
>
> com pés saltitantes.
>
> Ali as palavras e os tempos/poemas de todo o ser
>
> se abrem diante de mim.
>
> Ali todo o ser deseja transformar-se em palavra,
>
> e toda mudança pede para aprender de mim a falar.

Diante desta quieta solidão que agora me ampara (noites de sexta na zona sul...), quero despedir-me de você e das palavras, tudo alicerçando em preces para que, em você, os ecos permaneçam. E que, permanecendo, lhe façam sonhar, fazendo-o lutar pelos sonhos de felicidade que para sua vida

---

121 *Apud* ALVES, Rubem. Op. cit.

preparou o Criador. Contigo Ele sonhou, e, no sonho, você era feliz... Afinal, foi Sua boca que poetizou: "Sei muito bem do projeto que tenho em relação a vós [...]. É um projeto de felicidade!" (Jeremias 29,11).

Despeço-me aqui com um último pedido: acredite na beleza da vida! Acredite em seus sonhos e reacenda sempre em seu peito a coragem de sonhar. Nunca se esqueça de onde mora a felicidade, ancorando-se na afirmação de Pascal: "A felicidade não está em nós, assim como a felicidade não está fora de nós. A felicidade está só em Deus. E quando O tivermos encontrado, ela estará por todo lado!"[122]

Que Ele o abençoe e o faça muito feliz!

Pe. Adriano Zandoná

*"Deus colocou em nosso coração uma ânsia tão infinita de felicidade, que só Ele a consegue satisfazer..."*

(Youcat,[123] n. 281)

---

122 Pascal, Blaise (*Apud* Youcat, n. 282).
123 Catecismo Jovem da Igreja Católica.

# Referências bibliográficas

ALVES, Rubem. *As Melhores Crônicas de Rubem Alves*. Campinas: Papirus, 2008.

ANDRADE, Carlos Drummond de. *A Rosa do Povo*. São Paulo: Record, 2001.

ARISTÓTELES. *Ética a Nicômaco*. São Paulo: Martin Claret, 2000.

BALLONE, G. J. *Alterações na Afetividade*. Disponível em: <http://virtualpsy.locaweb.com.br/index.php?sec=47&art=266>. Acesso em: 03 de abr. 2013.

BENTO XVI. Discurso em 24.04.2005. Disponível em: <http://www.vatican.va/holy_father/benedict_xvi/homilies/2005/documents/hf_ben-xvi_hom_20050424_inizio-pontificato_po.html>. Acesso em: 06 de jul. 2013.

_____. Discurso em 18.08.2005. Disponível em: <http://www.acidigital.com/Documentos/bxvicolonia1.htm>. Acesso em: 10 de ago. 2013.

BOFF, Leonardo. *A Águia e a Galinha*. Uma Metáfora da Condição Humana. Petrópolis: Vozes, 1997.

BRANCO, Elsa. *Definição e Diferença entre Afecto, Emoção e Sentimento*. Disponível em: <http://www.notapositiva.com/pt/apntestbs/psicologia/12processemoc.htm>. Acesso em: 03 de abr. 2013.

BUBER, Martin. *Eu e Tu*. São Paulo: Centauro, 2001.

CAMPOS, Álvaro de. *Tabacaria*. São Paulo: Ática, 2011.

_____. *Passagem das Horas*. Disponível em: <http://www.insite.com.br/art/pessoa/ficcoes/acampos/445.php>. Acesso em: 12 de set. 2013.

COHEN, David; VEIGA, Ainda. *A Nova Ciência da Felicidade*. Disponível em: <http://revistaepoca.globo.com/Revista/Epoca/0,,EDG73787-6014,00.html>. Acesso em: 21 de ago. 2013.

*Deus Caritas est. Carta Encíclica sobre o Amor Cristão*. São Paulo: Paulinas, 2005.

DOIMO, Angela R. *Desenvolvimento Afetivo e a Aprendizagem*. Disponível em: <http://www.unijales.edu.br/unijales/arquivos/28022012094929_242.pdf>. Acesso em: 01 de jul. 2013.

DOSTOIÉVSKI, Fiódor. *O Idiota*. São Paulo: Editora 34, 2010.

_____. *Os Irmãos Karamázov*. São Paulo: Editora 34, 2008.

ERIKSON, Erik H. *Infância e Sociedade*. Rio de Janeiro: Jorge Zahar, 1971.

FERRARI, Juliana Spinelli. *Frustração*. Disponível em: <http://www.brasilescola.com/psicologia/frustracao.htm>. Acesso em: 27 de jul. 2013.

FREUD, Sigmund S. *Pequena Coleção* (Obras de Freud). Livro V. Rio de Janeiro: Imago, 1974.

GOETHE, Johann Wolfgang von. *Os Sofrimentos do Jovem Werther*. São Paulo: Martins Editora, 2001.

_____. *Os Anos de Aprendizado de Wilhelm*

*Meister* (posfácio de Georg Lukács). São Paulo: Editora 34, 2006.

_____. *Otimismo em Gotas*. Rio de Janeiro: Sabedoria, 1967.

HERRERO, Joaquín Campos. *Inteligência Emocional*. São Paulo: Paulus, 2002.

HUGO, Victor. *Os Miseráveis*. São Paulo: FTD, 2003.

KIERKEGAARD, Soren A. *Temor e Tremor*. Lisboa: Guimarães Editores,1990.

_____. *O Desespero Humano*. São Paulo: Martin Claret, 2001.

LINN, M.; LINN, S.; LINN, D. *Cura dos Oito Estágios da Vida*. Campinas: Verus Editora, 1987.

*LUMEN Fidei. Carta Encíclica do Sumo Pontífice Francisco aos Bispos, Presbíteros, Diáconos e a todos os Fiéis Leigos sobre a Fé.* Roma, 2013.

MALTZ, Maxwell. *Liberte sua Personalidade:* Uma nova maneira de dar mais vida à sua vida. São Paulo: Summus Editorial, 1981.

Medos e dúvidas, como libertar? Disponível em: <http://tratamentodadepressao.org/905-medos-duvidas-libertar/>. Acesso em: 10 de jul. 2013.

MELLO, Raphaella de Campos. *Autossabotagem:* o medo de ser feliz. Disponível em: <http://exame.abril.com.br/estilo-de-vida/saude/noticias/autossabotagem-o-medo-de-ser-feliz>. Acesso em: 09 de jul. 2013.

NIETZSCHE, Friedrich. *Além do Bem e do Mal*. São Paulo:

Companhia das Letras, 2005.

NOUWEN, Henri J. M. *Pão para o Caminho*. São Paulo: Loyola, 2000.

PACOT, Simone. *A Evangelização das Profundezas. Nas Dimensões Psicológica e Espiritual*. Aparecida: Santuário, 2001.

PADOVANI, Martin H. *Curando as Emoções Feridas. Vencendo os Males da Vida*. São Paulo: Paulus, 1994.

PASCAL, Blaise. *Pensamentos*. São Paulo: Martins Fontes, 2011.

PEDRINI, Alírio, scj. *Amor Afetivo em Família*. São Paulo: Loyola, 2006.

RICOUER, Paul; LACOCQUE, André. *Pensando Biblicamente*. Bauru: Edusc, 2001.

ROGERS, Carl. *Tornar-se Pessoa*. São Paulo: Martins Fontes, 2009.

ROSA, João Guimarães. *Grande Sertão: Veredas*. Rio de Janeiro: Nova Aguilar, 1994.

_____. *Tutameia*. Rio de Janeiro: Nova Fronteira, 2001.

SARAMAGO, José. *Os Poemas Possíveis*. Lisboa: Editorial Caminho, 2013.

SÊNECA. *Aprendendo a Viver*. Porto Alegre: L&PM, 2008.

SMITH, Jorgson Ksam. *Emoção, Sentimento e Afeto não são Sinônimos*. Disponível em: <http://www.canalrh.com.br/Mundos/colunistas_artigo.asp?o=%7B1746F767-705D-4960-954D-E2C74DF67EDB%7D>. Acesso em: 03 de abr. 2013.

SOARES, Bernardo. *Livro do Desassossego* (Vol. II. Fernando Pessoa — Heterônimo). Coleta e transcrição dos textos de Maria Aliete Galhoz e Teresa Sobral Cunha. Prefácio e Organização de Jacinto do Prado Coelho. Lisboa: Ática, 1982.

WINNICOTT, D. W. *Natureza Humana*. Rio de Janeiro: Imago, 1990.

YOUCAT. *Catecismo Jovem da Igreja Católica*. São Paulo: Paulus, 2013.

# *Apêndice*
# Curando as feridas emocionais
# (Práticas de cura interior)

*Eram na verdade os nossos sofrimentos que ele car-regava, eram as nossas dores, que levava às costas. O castigo que teríamos de pagar caiu sobre ele, com os seus ferimentos veio a cura para nós (Isaías 53,4a-5b).*

**1. Oração pela cura das feridas emocionais geradas pelo medo**

*Senhor,*

*Tu és minha força e segurança, minha luz e salvação!*

*Confio em Ti e no Teu amor, e sei que Contigo serei capaz de superar todos os meus temores.*

*Creio na Tua vitória por mim e, na auto-ridade de Teu nome, renuncio hoje a toda espécie de medo que me acorrente e subjugue.*

*Fui criado para a liberdade e felicidade, e*

*não mais me deixarei dominar por emoções estragadas.*

*Confio no Teu amor e tomo posse da vitória que preparaste para mim: sou um vencedor, assumo a coragem do Teu Espírito.*

*O medo não mais me dominará, apenas o Teu amor!*

*Amém.*

### 2. Oração pela cura do complexo (sentimento) de inferioridade

*Muitas vezes, ó Deus, senti-me pequeno, desprezado e sem valor. Mas hoje assumo Teu inigualável e incondicional amor por mim.*

*O Senhor me elegeu e amou mesmo antes do meu nascimento.*

*O Senhor me aprecia e acredita em mim!*

*Inúmeros são os dons e virtudes que o Senhor depositou em meu coração. Tenho muitas belezas e coisas positivas em mim, sou uma obra-prima do Teu amor!*

*Hoje renuncio ao sentimento de inferioridade e assumo minha condição de filho(a) amado(a) e especial.*

*Em Ti sou capaz de vencer e superar todo mal. Teu amor me sustenta e dá forças e, na potência de Teu Espírito, hoje rompo as cadeias que fizeram-me sentir pormenorizado e incapaz.*

*Sou uma benção! Grande é o meu valor.*

*Sou, em Ti, um verdadeiro e constante vencedor!*

*Amém.*

## 3. Oração pela cura da rejeição

*"Ainda que meu pai e minha mãe me abandonem, o Senhor me acolhe" (Salmos 27,10).*

*Tomo posse desta belíssima verdade:*

*mesmo que as pessoas tenham me rejeitado e não me aceitado, o Senhor sempre me acolhe e ama!*

*Assim como sou: com minha história, defeitos, problemas, aparência... assim o Senhor me ama e quer. O Teu amor me levanta, Senhor, e me ensina a enxergar-me com esperança.*

*Sou especial e querido aos Teus olhos!*

*Fui pensado e desejado com amor por Teu coração: o Senhor nunca me rejeitou e abandonou e, hoje, eu faço uma opção pessoal por Ti: não irei abandonar-Te; assumo a Tua presença em minha história!*

*Teu amor me conquistou e me dá a coragem para, mesmo diante de inúmeras lutas e dores, construir em Ti a minha felicidade.*

*Obrigado!*

*Amém.*

## 4. Oração pela cura das feridas emocionais geradas pela culpa

*Senhor, muitos são os meus erros e limites. Muitas vezes fiz o mal que eu não queria fazer, prejudicando a mim mesmo e a outros corações. Mas, hoje, Senhor, volto a Ti meu olhar e coração. Assumo Teu amor e acolho Teu perdão em minha história.*

*Sei que Teu amor é infinito e que o Senhor não se cansa de me perdoar. Sei que meus erros geraram consequências, mas confio em Ti e sei que o Senhor pode tirar um bem maior até mesmo do mal.*

*Eu acolho a ação da Tua infinita misericórdia, muito maior que minhas fraquezas e maldades.*

*Também me decido a perdoar-me. Sim, eu me perdoo por ser frágil e por não acertar sempre. Perdoo-me por meus erros e deformidades e assumo o Teu amor por mim, independentemente de minhas fragilidades.*

*O Senhor tem paciência comigo, e eu também a quero ter. Quero ter compaixão de minhas debilidades e respeitar meu natural processo de crescimento rumo à maturidade.*

*Assumo Tua misericórdia em minha história e buscarei sempre compreender-me a partir dela.*

*Amém.*

## 5. Oração pela cura das raízes (motivos) da tristeza

*Senhor, sei que "a tristeza matou a muitos e não traz proveito algum" (Eclesiástico 30,25). Por isso, hoje, em Teu nome, Jesus, eu renuncio a toda e qualquer espécie de tristeza e depressão que me tenha dominado.*

*Quero cultivar em meu coração a alegria que brota de Teu Espírito. Fui criado para a felicidade e não aceito a tristeza em minha vida. Sei que terei, sim, momentos de tristeza, mas, a partir de hoje, apenas a alegria que vem do Senhor dominará meu coração e conduzirá os meus passos.*

*Digo não à tristeza e sim à alegria que vem de Deus! Tenho muitos motivos para me alegrar e lutar pela vida: minha existência é um maravilhoso dom e, a partir de hoje, quero transformá-la em uma benção para todos os que de mim se aproximarem.*

*Assumo hoje a alegria e a felicidade que vem de Deus.*

*Amém!*

## 6. Curando as carências com amor

*Teu amor, Pai, pode curar todas as feridas e dores de minha história.*

*Sei que sou profundamente amado por Ti e que o Senhor me conhece e sabe todos os segredos da minha alma.*

*Eu, hoje, permito que o Senhor toque em todas as áreas de meu ser: minha mente, lembranças, pensamentos, emoções, afetos, sentimentos, percepções... em minhas feridas e sofrimentos mais profundos. Toca-me, Senhor, com Teu amor e transforma tudo o que há em mim!*

*Inaugure novas estações em minha vida afetiva e emocional; traz luz àquilo que em mim ainda é escuridão.*

*Cura-me as feridas da alma, Senhor.*

*Eu quero e permito o Teu toque em minhas feridas. Sei que vai doer um pouco, compreendo que não será fácil deparar com as feridas que tanto eu buscava ocultar...*

*Mas quero crescer e amadurecer, Senhor, quero ser feliz e permito-me ser curado por Ti.*

*Teu amor é bem maior que minhas dores e ausências.*

*Obrigado por me amar e por sempre esperar por mim. Também desejo Te amar com todas as minhas forças, meu Deus. Hoje e sempre, amém!*

**"Feliz aquele que transfere o que sabe e aprende o que ensina" (Cora Coralina).**

Este livro foi impresso em 2016.